唯信鈔文意講義

田代俊孝

法藏館

はじめに

『唯信鈔文意』は、聖覚法印の『唯信鈔』に教証として引用されている証文について、親鸞聖人自身が、念仏往生を願う「いなかのひとびと」に易く心得させようとなされて、晩年に釈されたものである。本書は、その題号からしても、形式からしても、聖覚法印の『唯信鈔』の注釈のような形をとっているが、内容は決して単なる注釈ではない。その意味では、『唯信鈔』の釈文ではなく、香月院深励師が、『唯信鈔文意録』で述べているように「唯信鈔文」の釈意、つまり、引用されている証文の釈意である。

『唯信鈔』は和語で書かれており、「仮名選択集」的な内容である。親鸞聖人はその中の証文、十文を取り上げて、それに対して極めて独創的な理解を示しておられる。それは、まさしく本願・他力という視座に立った理解であり、その視座を持たない者には、極めて非常識で破天荒な解釈と受けとめられるであろう。現に、これまでにも鎮西系の講録には親鸞聖人に対する厳しい批判さえ記されている。

まさしく、その視座は本願・他力であり、親鸞聖人はそのこと自体を、

この本願のやうは『唯信抄《(マヽ)》』によく〱みえたり。「唯信」とまふすは、すなわちこの真実信楽を、ひとすぢにとるこゝろをまふすなり。

(『尊号真像銘文』)

とか、

如来の弘誓をおこしたまへるやうは、この『唯信鈔』にくわしくあらわれたり。（『唯信鈔文意』）

と、明言している。

したがって、「真実信楽を、ひとすぢにとるこゝろ」こそが「一心」であり、「唯信」である。選択本願念仏を高らかに掲げて、「涅槃之城には信を以って能入となす」（『選択集』）と示された法然上人の立場を、「往生浄土のみちは、信心をさきとす」（『唯信鈔』）と聖覚法印が述べられた。さらに「涅槃之真因は唯信心を以ってし」「正定之因は唯信心なり」（『教行信証』）と親鸞聖人は領解されている。選択本願を「唯信」「一心」「正信」「大信」と受けとめたところに大般涅槃道が成就していったのである。

親鸞聖人は『唯信鈔』に「本願のやう」を学ばれた。そして、その証文の他力的理解とそれまでのその各文に対する一般的（自力的）理解の違いそのものに『唯信鈔文意』の特異性があるのである。その意味では、そこに親鸞聖人自身の本願に目覚めた軌跡、あるいは、自力から他力への回心の跡を学ぶことができる。

「唯信」とは、

本願他力をたのみて自力をはなれたる（『唯信鈔文意』）

と本書に示されている。それはまさしく回心を意味する言葉である。

具体的には、『唯信鈔文意』にみられる選択から唯信へ、来迎から摂取へ、自力の「若少一心」から他力の三信心としての一心へ、本具の仏性から他力の信心仏性へ、自利真実から利他真実へなどの教義的展開の一つ一つが、そのことを如実に示している。それこそが「よく瓦礫を変じて金となす」回心の内実である。その意味では『唯信鈔文意』とは我ら瓦礫の者がよく金に変成（転成）されていく書であるといえよう。私どもが平生、課題にしている「死と生」を問い、「死に応えうる生」に出遇うという課題（ビハーラ）も、尽きるところは回心と往生の問題である。自身の生死出離の課題をいだきつつ、「ひとたびの回心」を期して、『唯信鈔文意』に学びたい。

なお、本書は二〇〇九年七月の東本願寺の安居の講本に加筆し、さらに、付章として関連する「「信心仏性」と阿闍世の救い」を追加したものである。本山での夏安居、さらには地方の秋安居にて多くの方々と『唯信鈔文意』を講究した。その中で、深めたことをさらに補筆させていただいた。昨年はおりしも、親鸞聖人七百五十回忌の年であった。記念の年に親鸞聖人を偲んで改めて思索を深め、このたび上梓させていただくことである。

二〇一二年三月

著者識

唯信鈔文意講義＊目次

唯信鈔文意講義

凡　例

一、出典については、以下のように略記した。
・『定本親鸞聖人全集』→『親鸞全』
・『真宗聖教全書』→『真聖全』
・『真宗聖典』（東本願寺版）→『聖典』
　その他の引用も含めて、巻数、ページ数は、（　）内に、（巻数—頁数）の順で示した。

　親鸞聖人の著作については、原則『定本親鸞聖人全集』（法藏館）により、それに収載されないものは『真宗聖教全書』（大八木興文堂）によった。三経七祖については、原則『真宗聖教全書』によった。なお、『真宗聖典』に収載されるものについては、その頁数を付記した。但し、『定本親鸞聖人全集』と『真宗聖典』（東本願寺版）では、編集方針が違うため、御消息などの通番の合わない物があるが、そのような場合は『定本親鸞聖人全集』によった。
一、漢文は書き下した。
一、引用文、及びその送り仮名、左訓はひらがなに統一した。
一、漢字は原則、書名を除いて常用漢字を用いた。例外もある。例えば「无」等。

序章　『唯信鈔文意』の視座

法然における宗教的救済の根本はまさに選択本願念仏そのものであり、「選択」という独自の思想的立場から出発している。一方、法然を「よきひと」と仰ぐ親鸞は、それを「唯信」あるいは「正信」「大信」という立場で受けとめている。ところで、聖覚の『唯信鈔』がこの両者の思想的媒介となっていることについては、文政年間（一八一八〜一八三〇）に東条義門師[1]が述べて以来、重ねて多くの先学が優れた見解を発表してきた。このたびは『唯信鈔文意』にその思想的展開の根拠と必然性があることを指摘して、宗祖親鸞聖人の祖意を領解したい。

さて、『唯信鈔文意』は、その題号からしても、形式からしても、聖覚法印の『唯信鈔』の注釈のような形をとっているが、内容は決して単なる注釈ではない。

鎮西の義山が、

唯信鈔一巻、聖覚法印の作なり。親鸞聖人文意一巻を撰して解釈せらる。然るにその釈意、鈔の文義に相ひ似ず。見人これを思釈し給へ。（『円光大師行状絵図翼讃』巻六十・『浄土宗全書』十六—九五九）

と、批判めいて記すが、視座を明確にして読まなければ、このような見方がなされるのも当然である。

『唯信鈔』(2)は和語で書かれているがその中に教証として、教義上重要な祖師たちの漢文の引文が示されている。親鸞聖人はその中から十文を取り上げて、それに対して極めて独創的な理解をしている。それは、まさしく本願・他力という視座に立った理解であり、「いなかのひとびと」に本願、他力ということを「やすくこころえさせむ」ためになされたものである。したがって、本願・他力という視座を持たない者には、極めて、非常識で、破天荒な解釈と映り、この理解は一蹴されるであろう。現に、これまでにも鎮西系の講録には親鸞聖人に対する厳しい批判さえ記されている。

まさしく、その視座は「本願」「他力」であり、親鸞聖人はそのこと自体を、

この本願のやうは『唯信抄(マヽ)』によく〳〵みえたり。「唯信」とまふすは、すなわちこの真実信楽を、ひとすぢにとるこゝろをまふすなり。

(『尊号真像銘文』・『親鸞全』三和—四三・『聖典』五一三)

とか、

如来の弘誓をおこしたまへるやうは、この『唯信鈔』にくわしくあらわれたり。

(『唯信鈔文意』・『親鸞全』三和—一六三・『聖典』五五〇)

と、明言している。

親鸞聖人は『唯信鈔』に「本願のやう」を学び、その視座で『唯信鈔』所引の十文の理解をしているのである。

その十文の他力的理解とそれまでのその各文に対する一般的理解の違いそのものに『唯信鈔文意』の特異性があるのである。その意味では、そこに親鸞聖人自身の本願に目覚めた軌跡、あるいは、自力から他力への転換の軌跡を学ぶことができる。

具体的には、『唯信鈔文意』にみられる教義的展開の一つ一つが、そのことを如実に示している。

第一に「選択」から「唯信」。法然上人の述べられた選択本願は、それ自体は第十八願念仏往生の願による、凡夫救済論としてすばらしい論理であった。選択も、摂取と理解され、如来選択として説かれていた。しかし、現実には、聖道門側からすれば、衆生が自ら十八願の念仏行のみを選択するととられた。また、諸行を廃して、念仏を立てるということも、衆生が自ら廃立をするととられた。したがって、廃せられる聖道門側からすれば、極めて独善的な行為であり、仏法を誹謗するものであると攻撃された。その結果が承元や嘉禄の法難としてあらわれたのである。それに対して、親鸞聖人は聖覚法印の『唯信鈔』に示される第十七願理解に大きな示唆を受け、諸仏の称名を、第十八願で衆生が聞名することによって救われるという「大行としての念仏行」という立場を示した。もちろん、そのことが親鸞教学の中核であり、その示唆が、親鸞聖人に与えた影響は計り知れない。教義的視点を欠いた事象のみで判断する者には及びもつかない大きな影響を与えているのである。それゆえ、「この本願のやうは『唯信抄』によく〳〵みえたり」とまで親鸞聖人をして言わしめたのである。ここに「聞名」としての念仏行が確立したのである。

第二に「来迎」から「摂取」へ。『大経』の三輩段、『観経』の散善段には、念仏往生の証こそが、来迎往生であることが説かれ、善導の『観念法門』、源信の『往生要集』にはその詳細な解釈と行業、行儀が示されている。したがって、念仏往生といえば、イコール来迎と思われてきた。しかし、親鸞聖人は、明らかにここで「浄土へ来たらしむ」「法性のみやこへ帰る」と他力の意味、つまり、摂取の意味で解釈している。そして、即得往生、現生正定聚論を展開する。この解釈こそ、本願・他力の視座を持たない者からすれば破天荒な解釈であろう。しかし、人間がいかに救われていくかを本願との出遇いによって語ろうとするときこのような解釈しか成り立たないのである。

そのことは、近時、ビハーラ運動として末期の患者の救いの場において、来迎往生に関心を持つ者もあるが、現実の課題として救いを考えるとき、今、現に本願に救われていく道こそが普遍的救いであるといよいよ頷かれてくるのである。

第三に「若少一心」の理解。つまり、『観経』三心の一つとしての「一心」の理解から、本願真実の一心の「一心」の理解への展開。『観経』所説の三心を具すべきで「若し一心少《か》けぬればうまれず」という善導の文について解釈をめぐる問題である。従来「一心」は『観経』の三心の一つと理解されていたが、今、親鸞聖人は本書で、「一心かくるといふは信心のかくるなり、信心かくといふは、本願真実の三信のかくるなり」「『大経』の三信心をえざるおば一心かくるとまふすなり」といい、自力の三心から本願真実の一心という理解に展開している。これまた、自力の立場からすれば、前後の脈絡を無視したものといえないこともない。しかし、『教行信証』「信巻」三一問答で極めて詳細な字訓を伴った解釈で示されるごとく、本願・他力に基づく理解であり、凡夫の救われる道はこれしかなかった。

第四に「信心仏性」の自力的理解から、他力的理解。もともと、仏性とは、仏に成る種であり、人間のおこす自力の金剛心こそが、そうなりうるものと考えられていた。それゆえ、自力の菩提心こそが仏道修行の必須条件であった。しかし、法然上人は、不回向の立場から自力の菩提心を否定した。そのことが、聖道門からの批判の中心論点であったことは周知のとおりである。それに対し、親鸞聖人は曇鸞の「願作仏心」「度衆生心」の理解に基づき、他力の大菩提心論で応えた。「衆生をして涅槃にいたらしむる心」、つまり、「微塵世界にみち〳〵たまへる」如来の大信心こそが仏性であると示す。まさに、信心の理解のコペルニクス的転回である。これまた、本願・他力に基づく理解である。

第五に「自利真実」から「利他真実」へ。善導の『観経疏』には、二利の真実の言葉は示されているが、利他真実は、その内容が示されていない。それゆえ、親鸞聖人は、『教行信証』「信巻」や『愚禿鈔』で自利真実を示す疏文の返り点、送り仮名を変えて、つまり、読みかえて利他真実の意味を示している。その一つがこの文である。自利真実、つまり、内も外も賢善精進の姿を取れという内外一致の自力修道のすがたを取れとの立場に対し、利他真実を仰いで、内懐虚仮、つまり、内に虚仮を懐いている我が身の自覚にたてという人間観を示している。利他真実を仰げば、おのずと内懐虚仮・破戒罪根深・五逆・十悪の我が身が自覚されてくるのである。これもまた、自力から他力への展開である。

そして、本書においては、これらを貫いて、「転成（変成）と回心」について述べられている。たとえば、「自然」の解釈における「転」の領解、それに「能令瓦礫変成金」の解釈など、随所に転成（変成）と回心が語られる。そのことは、単に自力と他力、諸行と念仏を比較して選択するのではなく、自力、諸行を方便として他力、念仏に帰していく回心そのものを語っているのである。その意味では、地理的制約のため文字のこころも知らなかったゐなかのひと〴〵とともに、本願に出遇う学びの書が本書であったのである。それゆえ、「ちからのかぎり」書き写して関東の門弟に送り届けていたのであろう。

思えば、今日、科学の知を絶対とする中、現代人はあまりにも賢くなり、本願が聞こえなくなった。「あさましく愚痴極まりなき」当時の門弟こそ素直に、名号を聞くことができたのではないか。その意味で、本願・他力の視座を定めて、改めて親鸞聖人の回心の軌跡をたどり、追体験したいと思う。

註

（1）『唯信鈔講説』（『真宗全書』第四十五巻所収）。

（2）『唯信鈔』については、専修寺信証本は内外題とも「鈔」となっており、西本願寺本、妙安寺本は内外題とも、「抄」となっている。『唯信鈔文意』は「鈔」と「抄」の両方が用いられている。

第一章 『唯信鈔文意』の位置

第一節 『唯信鈔文意』と「信のたぢろぎ」

京都にもどった晩年の親鸞聖人にとって、最も悲しい出来事は、善鸞事件であった。それだけに「自今已後は慈信にをきては子の儀おもひきりてさふらふなり」（『血脈文集』二）といわねばならない結果になった。

そして、

慈信坊がまふすことによりて、ひと〲の日ごろの信のたぢろきあふておはしましさふらふ
（『御消息集』七（十二）・『親鸞全』三書―一五〇・『聖典』五七七）

と、我が子の引き起こした出来事に対して、親鸞聖人のなしうることは、聖覚や隆寛など法然上人なきあと「よきひと〲」といわれる先達の書を「ちからのかぎり」書き写し、関東の門弟たちに送ることであった。そして、なによりも「信のたぢろきあふた」門弟が、本願に帰し、救われていくことであった。しかも、それを容易にするためには『文意』をも書き、あわせて送り届けたのである。それについて『血脈文集』には、

おほかたは『唯信抄』・『自力他力の文』・『後世ものがたりのきゝがき』・『一念多念の証文』・『唯信鈔の文意』・『一念多念の文意』、これらを御覧じながら、慈信が法文によりて、おほくの念仏者達の弥陀の本願をすてまいらせあふてさふらふらんこと、まうすばかりなくさふらへば、かやうの御ふみども、これよりのちにはおほせらるべからずさふらふ。

(『血脈文集』二・『親鸞全』三書―一七〇・『聖典』五九七)

と述べている。そして、

この『唯信鈔』、かきたる様あさましうさふらへば、火にやきさふらふべし。

(同)

とまで、述べている。

しかし、このような「信のたぢろぎ」も、

詮ずるところは、ひとぐ\の信心のまことならぬことのあらはれてさふらふ、よきことにてさふらふ。

(『御消息集』七(十二)・『親鸞全』三書―一五〇・『聖典』五七七)

それも日ごろひとぐ\の信のさだまらずさふらひけることのあらはれてきこへさふらふ。

(『御消息集』七(十二)・『親鸞全』三書―一五〇・『聖典』五七七)

と、述べている。信心がたじろいだのは、信心がまことでなかったがゆえである。そのことがはっきりしたのだから、結果的にはよいことであったというのである。信のたじろぎを手立て、方便として真実に帰すことができたというのである。実に親鸞聖人らしい受けとめ方である。

このように、『唯信鈔文意』撰述の背景には、この善鸞事件があったことは、明白である。そして、それにもまして、「よきひとゞ」による「信のめやす」を提示することであった。しかも、それを「いなかのひとゞ」に解りやすくするために和文で書かれたと思われる。

ちなみに、先学の研究に従うならば、『唯信鈔文意』は現在知られているだけでも、五回の書写が確認できる。

（1）建長二（一二五〇）年十月十六日　（聖人七十八歳）盛岡本誓寺本
（2）建長八（一二五六）年三月二十四日　（聖人八十四歳）河内光徳寺本
（3）康元二（一二五七）年正月十一日　（聖人八十五歳）高田専修寺正月十一日本
（4）康元二（一二五七）年正月二十七日　（聖人八十五歳）高田専修寺正月二十七日本（信証本）
（5）正嘉元（一二五七）年八月十九日　（聖人八十五歳）前橋妙安寺、静岡教覚寺本、高田専修寺顕智本、大谷大学恵空本、大谷大学室町古写本

このうち、（3）と（4）が真蹟本で他は古写本である。したがって、一般的に建長二（一二五〇）年に撰述され、その後にも加筆訂正されたと考えられている。また、上に引用した『血脈文集』第二通が、建長八（一二五六）年と推定できる（高田専修寺所蔵の顕智写伝の慈信坊義絶の御消息と対照してみると建長八年と推定できる）ので、それ以前に撰述されていて、関東の門弟に送られていたことになり、盛岡本誓寺本の建長二年十月十六日撰

述を裏づけることになる。なお、（3）の奥書の親鸞聖人の署名部分は切断されていて高田専修寺所蔵の『西方指南抄』中本にはさみこまれていたことが判明している（『増補親鸞聖人真蹟集成』第六巻九四三頁参照）。

また、『唯信鈔』は、親鸞書写本（高田専修寺信証本）の「草本云　承久三歳仲秋中旬第四日安居院法印聖覚作」という記録から、承久三歳（一二二一）八月十四日、聖覚五十五歳、親鸞四十九歳のときの撰述であり、以下、少なくとも九回の親鸞聖人による書写が確認できる。

（1）寛喜二（一二三〇）年五月二十五日（聖人五十八歳）（高田専修寺信証本奥書）・前橋妙安寺本
（2）文暦二（一二三五）年六月十九日（聖人六十三歳）高田専修寺ひらがな本
（3）仁治二（一二四一）年十月十四日（聖人六十九歳）堺真宗寺本等
（4）仁治二（一二四一）年十月十九日（聖人六十九歳）美濃専精寺本・京都常楽寺本・近江圓照寺本
（5）寛元四（一二四六）年三月十四日（聖人七十四歳）高田専修寺顕智書写本
（6）建長六（一二五四）年二月（聖人八十二歳）恵空写伝本
（7）康元二（一二五七）年正月二十七日前後（聖人八十五歳）高田専修寺信証本
（8）不明　西本願寺本
（9）不明　東本願寺本

なお、このうち（2）（7）（8）（9）は親鸞聖人の真蹟で、特に（2）はひらがなで書かれている。（1）のうち前橋妙安寺本は、「寛喜二歳仲夏下旬第五日以彼真筆草本愚禿親鸞書写之」との奥書を持つ。平松令三氏はそれを親鸞の真筆と認め、『増補親鸞聖人真蹟集成』に収載したが、名畑崇、小山正文、三栗章夫の各氏は疑問視している。(7)の信証本は、「寛喜二歳仲夏下旬第五日以彼草本真筆愚禿釋親鸞書写之」の奥書をもつが、『唯信鈔文意』(4)の信証本と一セットになっており、康元二年正月二十七日前後と見るべきである。また、信証本の奥書によれば、信証本や前橋妙安寺本の原本となったものがあったと考えられる。

(9)の東本願寺本は断簡で同本の断簡が東本願寺に後半部分七葉(十四頁分)、岐阜・高山別院照蓮寺に見開き一葉、富山・城端別院善徳寺に見開き一葉、茨城・願入寺に半葉(一頁分)、福井・南光寺に半葉(元坂東報恩寺蔵)が所蔵されている。このように分散したことは、東本願寺第十三世宣如の譲り状によってわかる。城端別院善徳寺の一葉は三重・桑名別院本統寺から分け与えられたものであることが、東本願寺第十五世常如の添え状によってわかる。

また、別系統の断簡が神奈川・茅ヶ崎上正寺に半葉、鹿児島・加治木性応寺に半葉を、それぞれ、所蔵する。

このほか、弘長二(一二六二)年十月十九日の書写本が『渋谷宝鑑』に記されるが、入滅の一月前であり、多くの史家が疑問視する。

第二節　『唯信鈔』と聖覚論争

近時、聖覚をめぐって、平雅行氏などが従来の説とは違った見解を出し、注目されている。それは、中世寺院史研究会編『中世寺院史の研究　上』(法藏館、一九八七年)所収の「安居院聖覚と嘉禄の法難」(後に自著『日本中世の社会と仏教』塙書房、一九九二年、『親鸞とその時代』法藏館、二〇〇一年に掲載)で述べられた見解である。それは、日蓮の弟子の六老僧の一人である日向（一二五一～一三一四）が編纂した『金綱集』などの史料によって「嘉禄の法難」のとき、聖覚は法然門下を弾圧する体制側に属し、朝廷に念仏宗停廃の要求をしたという見解である。嘉禄の法難というのは、嘉禄三（一二二七）年に行われた専修念仏弾圧事件のことである。比叡山側の定照（『弾選択』）と法然門下の隆寛（『顕選択』）との『選択集』をめぐる論争が発端となって、延暦寺が専修念仏停廃の要求を朝廷に出し、それを朝廷が認めてなされたものである。このとき、法然の墓所の破却（未遂）と隆寛ら有力門弟三名の念仏者が流罪となり、『選択集』は禁書となり、板木まで焼かれた。『金綱集』によると、このとき聖覚は天台の「探題」であり、専修念仏停廃の要求書に名を連ねていたというのである。

これまでの、聖覚に対する見方は『唯信鈔』等によるものであり、専修念仏擁護側で法然の教義面での後継者とさえ言われる人物であったという見方である。そして、平雅行氏は、

聖覚が実際には『唯信鈔』の思想を生きていなかったのは明白です。彼は確かに『唯信鈔』を執筆しましたが、これを行動原理にはしていません。聖覚の実像は『唯信鈔』ではなく、天台僧にあったのです。

（『親鸞とその時代』法藏館、二〇九頁）

と述べる。このことは、これまでの聖覚像と真反対のものである。

このような聖覚像を認めるとするならば、聖覚の書とされる『唯信鈔』をどう見ればいいのか。平氏は『唯信鈔』が奥書によって、承久の変直後に書かれていることに着眼してそのころの政治的動向の中で、聖覚の行動を説明する。つまり、聖覚と親密であった後鳥羽上皇が、鎌倉幕府討伐の挙兵で敗北し、隠岐に流罪となった。連座し

た貴族の幹部も斬罪となり、聖覚がその激動の最中で『唯信鈔』を書いたことを述べ、そのとき、謹慎を余儀なくさせられ、せまりくる処分におびえなければならなくなったという。そして、

今の挫折は、専修念仏との関係の放棄・法敵後鳥羽上皇への扈従《こしょう》といった自らへの治罰と映ったのではなかろうか。（略）『唯信鈔』という作品は、歴史の激変に翻弄された一人の人物の衝撃と不安の所産なのである。そうして、こうした特殊状況下で書かれた特異な作品であったが故に、数年後、時代が落ち着きを取り戻し、聖覚自身もまた再び顕密僧として活動することが可能となった時、彼は『唯信鈔』の中の自己を次第に手放すことが出来たのであろう。（『日本中世の社会と仏教』塙書房　三七三頁）

まさに、聖覚は保身のために二度の転向をしたかのごとき説である。

さらに、平氏は、論文「安居院聖覚と嘉禄の法難」の前半で、『唯信鈔』が諸行往生を容認する点で、法然とも親鸞とも異質な思想であるとし、親鸞が門弟宛の消息で『唯信鈔』を推奨している点を、かえって門弟を混乱させたと厳しく批判している。そして、

私は晩年の親鸞は、次第に時代に対する見通しを失い、思想家としての自己を瓦解させたと考えている。（同）

と結んでいる。

一方、この説に応答して松本史朗氏は、『法然親鸞思想論』（大蔵出版、二〇〇一年）の中で、『唯信鈔』の思想が

親鸞と極めて親近であると、平氏の聖覚・親鸞両者の思想の異質説を厳しく批判し、聖覚の「嘉禄の法難」のときの反専修念仏的行動をそのまま認めて、『唯信鈔』の著者は聖覚ではなく、親鸞であるというユニークな新説を提示した。

これらに対し、平松令三氏は『親鸞の生涯と思想』(吉川弘文館、二〇〇五年)の中で、

『唯信鈔』が親鸞の思想とは異質だとする氏(平氏)の見解は、『唯信鈔』の一部分の言葉をとらえての見解であって、『唯信鈔』の全体像をとらえていないと思われる。そのために後に述べる松本史朗説のような学説が出されるのであって、平氏の見解はあまりにも枝葉末節にとらわれているのではあるまいか。松野純孝氏や高田学会座談会での発言のようにたしかに法然や親鸞の思想と一致しない点はあろう。しかしこれは「温度差」ともいうべき程度のもので、『唯信鈔』が専修念仏を推進しようとする目的で書かれたものであり、大筋では法然・親鸞と共通している。この点は誰も否定する人はないだろう。(中略)それを「異質的」というのはいかがなものだろうか。(二〇〇頁)

といい、平氏の「異質」という主張を否定し、親鸞の『唯信鈔』書写の事実を列記し、

このように親鸞は、五十八歳にして『唯信鈔』を知ってから最晩年まで、変わることなくこの書を高く評価し、書写して門弟に与えてきた。この姿勢は一貫している。その点、平氏が「晩年の親鸞は」と、親鸞が晩年になって初めて『唯信鈔』を門弟たちに推奨し、思想家として失格したかのように記しておられるのは、何よりも

明らかな事実誤認である。　（二〇〇頁）

と指摘する。松本説に対しても、『明義進行集』（信瑞）や『唯信鈔託宣記』などの浄土宗外の記述を根拠に挙げ、『唯信鈔』が浄土宗以外のところでも存在が認められていること、さらに松本氏の強引ともいえる奥書の解釈を史的検証などから、厳しく否定している。そして「親鸞は他人の名を騙る詐欺師ではない」（二〇七頁）と一蹴している。

結局、平松氏は、法然遺言状の「没後二箇条」を引き合いに出し、

聖覚が比叡山の最高学匠である探題の仲間とともに朝廷へ「陣参」し、念仏宗の停廃を訴えでたことについても、裏があるように思われてならない。（略）専修念仏仲間にも内部に反目分裂があってこういう結果になったのではなかろうか。　（二一六頁）

と述べ、「平雅行氏の親鸞批判の辞は撤回されるべきであろう」と結ぶ。

松本氏がその説を主張するには、多くの書に記される聖覚と親鸞の関係、さらには『唯信鈔』と『唯信鈔文意』との関係などを検証し、それらをいちいち否定しなければならない。しかし、そのような検証作業は一切されていない。また、松本説はあまりにも、短絡的であり、論拠に乏しい。また、親鸞が聖覚の名を騙《かた》る動機すら見当たらない。話題性をねらった仮説の域を出ない。

ついで、平氏の所説であるが、平氏が言うごとく聖覚が背信的立場で『唯信鈔』を書いたとするならば、聖覚と

親鸞や法然門下との多くの交流をすべて背信的交流として検証し、否定しなければならない。特に細川行信氏が研究された『玉葉』『三長記』『明月記』などに記される法然と聖覚との関わりを示す記述（『真宗教学史の研究1　歎異抄・唯信鈔』法藏館、一九八一年）、また、『口伝鈔』や『改邪鈔』等さまざまな資料に記される聖覚と親鸞の関係を示す記述をすべて検証しなければならない。たとえば、親鸞は『唯信鈔』（ひらがな本）といっしょに「聖覚法印表白文」を書写して残しており、『尊号真像銘文』にはその略抄を収載している。それは、隆信（戒心）、親盛（見仏）の発願により、「法然上人之御前」で報恩の仏事を営んだとき、その導師をつとめた聖覚の表白文である。その内容は法然を「我大師聖人」とあがめ、ひたすら讃嘆したものである。

さらに、但馬親王からのお尋ねに対して、承久三（一二二一）年三月十一日付で送った聖覚の返事（「御念仏之間用意聖覚返事」）を、親鸞が「聖覚法印表白文」に続けて書写して残している。但馬親王とは、第八十二代後鳥羽上皇の第三皇子雅成親王のことで、親王は承久三（一二二一）年七月但馬の国の配所に移させられたので但馬宮と呼ばれていた。この返事の抄録は、『法然上人傳』第十七聖覚法印の巻に収載されている。

また、聖覚は、元久二（一二〇五）年八月、兼実の請により法然の瘧病治癒祈禱の導師（『明義進行集』三）、建暦二（一二一二）年三月七日、法然六七日導師（『行状絵図』三九・醍醐本『一期物語』）をして報恩の思いを記している。しかも、このことが嘉禄の法難直後に成立した多くの法然伝記に記されている。平氏の説に立てばこれらのことをどう考えればいいのだろうか。

仮に聖覚が嘉禄三（一二二七）年十月十五日付叡尊書状に「十月十五日に聖覚・貞雲・宗源・朝晴・延真の五名の探題が陣参し、聖覚を代表にして専修念仏の禁止を要請した」（平雅行『親鸞とその時代』一九三頁）としても、逆にそれが聖覚の本意とはいえないかもしれない。なぜなら、探題というのは天台を代表する重要な役職であり、当然ながら、その地位に就けば、個人よりも、天台という組織を守る立場に立って職分を果たさねばならない。本心は念仏擁護であっても、探題という職分と立場に立てば、専修念仏の禁止を言わねばならない状況にあったのではないか。それが、聖覚自身の苦渋の選択だったのかもしれない。また、僧兵や犬神人《いぬじにん》が法然の墓を暴こうとし、専修念仏教団に対して暴力的行為をする中で、ひとまず、それを抑えるには、朝廷に陣参し、この要請をしたほうがよいと政治的に判断したからかもしれない。もともと聖覚は安居院流という唱導の名家に生まれ、その立場にありながら法然の教えを学んでいたのである。それとて、外相は天台で内心は法然の専修念仏を学んでいた人物であり、内外不一致の状態だったのである。したがって、それは嘉禄の法難に始まったことではない。親鸞は聖覚の外相はともかく消息の記述や『唯信鈔文意』の撰述ということからすれば、本心を信じていたのではなかろうか。

法然自身も『選択集』に「天台黒谷沙門源空」と記し、外天台内専修の立場に立ちつつ、終生、天台沙門を自覚している。したがって、当時においては、今日の宗派意識とは大きく異なっていたと考えるべきであろう。

また、平氏の言うごとく聖覚については、一貫性のない行動があったことはいえるかもしれない。だからといって、その聖覚を信奉した親鸞について何も批判することはできない。百歩譲って、仮に、聖覚がいつのころからか、体制側になって反専修念仏的行動をとったとしても、それまでの、ある時期に聖覚が書いた『唯信鈔』に学び、示唆を受けたとしても何ら不思議ではない。

親鸞は三十五歳で流刑の地へ赴き、その折、聖覚と別れている。それまでの聖覚を信じて、――仮に聖覚が転向し、その後、どんな人生をたどろうとも――『唯信鈔』から得た大きな学びを親鸞自身、終生仰いでいたこともありえたことである。

親鸞は聖覚の『唯信鈔』をとおして、本願に出遇った。したがって、『唯信鈔』そのものを「よきひと」、つまり諸仏と仰ぎ、聖覚という人のよしあしにはとらわれていなかったとも思われる。『唯信鈔』との出遇いはそれほど大きな出遇いだったのである。『金綱集』の書状に聖覚の名が記されていたとしても、それがこれまでの聖覚に対する見方を変えるほどのものではない。それゆえ、親鸞においては、

さきにくだしまいらせさふらひし『唯信鈔』・『自力他力』などのふみにて御覧さふらふべし。それこそ、この世にとりてはよきひと〴〵にておはします

（『末燈鈔』十九・『御消息集』三・『親鸞全』三―一〇七・『聖典』五六四）

と、聖覚という人物についてではなく、『唯信鈔』という書を「よきひと〴〵」つまり、善知識として勧めているのである。たとえ、聖覚が聖道門に帰った人であっても、親鸞にとっては、『唯信鈔』を、自らを本願に出遇わせてくれた「よきひと」「善知識」として仰げるのである。

されば、親鸞が『唯信鈔』からいかに大きなことを学んだか。また、天台という組織のしがらみで、やむなく陣参し、平氏の説によれば、専修念仏者に弓を引いたとされる聖覚が書いた『唯信鈔』である。それにもかかわらず、それを親鸞聖人が、あえて、「よきひと」「善知識」と仰いだほどの学びの内実を次に述べていきたい。

第三節　『唯信鈔』の概要

『唯信鈔』はその結語に、

念仏の要義おほしといゑども、略してのぶることかくのごとし。（『親鸞全』六写(2)―六九・『聖典』九二八）

と言われていることより、唱導家の聖覚が専修念仏を平明に略述しようとして書かれたものである。草創期の浄土宗においては、対内的には、一念・多念、有念・無念、臨終・平生などの諍論が盛んとなり、対外的には、精鋭な一向性、専修性による聖道門軽侮、神祇不拝、諸善蔑視による摩擦があり、法然上人の『選択集』の真意を開顕して、それへの誤解の解消こそが課題であった。その意味では、少なくとも、このときの聖覚の本書製作の意図も、『選択集』の開顕ということであったことは言をまたない。

『唯信鈔』は、明らかに『選択集』の教相・二行・本願・三心の各章の叙述に順ずる構成、展開であり、この一事から考えても、『選択集』への深い傾倒が感じられ、ましてや「異質」などとどこで言えるのかと訝《いぶか》しく思う。しかも、『唯信鈔』がこれだけにとどまるとしたならば、それは、単なる相伝に過ぎないが、第三本願章に相当する部分で、もっぱら『選択集』を相承しつつも、念仏一行が他力行であることの根拠を、単に第十八願一願のみをもって解明せず、第十七願の「諸仏称名」の願意の上に確かめている。すなわち、『唯信鈔』における第十七願意開顕というところに、親鸞の徹底した共鳴と他力仏教の根本義の発見があったのである。それは、『教行信証』を貫くところであり、もし、この十七願意の理解がなければ、浄土真宗の根幹である大行論や他力回向論そのものの教義展開はなく、ひいては親鸞教学、つまり浄土真宗自体が成立しえなかったのである。その意味で、親鸞教学において『唯信鈔』自体極めて重要な書であり、仮に作者が、誰であり、どんな人であっても、それ以上に「本願のやうを知らせん」よきひと（善知識）である。

『選択集』の撰述は、通説に従うならば、建久九（一一九八）年、聖覚三十一歳のときである。聖覚が付属を受けたかどうかは定かではない。『唯信鈔』の撰述が、上に述べたように「承久三歳」（一二二一）聖覚五十五歳のときである。聖覚が『選択集』を熟知していたことは十分推測できる。今『唯信鈔』の内容を一瞥して、ついで両書の記述を比較してみたい。

『唯信鈔』は了祥の『唯信鈔聞記』(1)によれば、内容から言えば、「唯信念仏鈔」とも言うべきで、三つの点から「念仏の要義」を述べ、それに関連する五つの問題に答えている。主題は「唯信」とその構造となりうる独自の本願論である。

一巻の構成は、大きく二つに分けられ、前半は「専修念仏」論が、後半は異義の批判が、カタカナで書かれており、『歎異抄』に似た構成になっている。さらに前半は、（一）聖浄二門、（二）選択本願、（三）専雑二修、（四）三心具足からなり、先に述べたように、おおむね『選択集』の教相章、本願章、二行章、三心章を略述したものである。

このことについて、了祥は、

此一向専修（前半）の四段を『選択集』に当ると、二門と云は教相章、二行廃立二修廃立は二行章、ときに此二行二修に付て、なぜ諸行を捨てゝ、念仏をとり、雑修をすてゝ、専修をとると云處へ、本弘の縁起をなが〳〵クラべて決釈したのが、選択集では本願章の心、持込だもの、夫で此れ選択集を欲知せば唯信抄よりみよと云心。

（『唯信鈔聞記』二一—二一一会）

と、『選択集』を知るには、まず『唯信鈔』を見よと述べている。

続いて、

> 選択集十六章は手をひろげたやうになりては、元祖の実意が知れぬ。夫を聖覚は此の鈔に教相・二行二章で二行・二門・二修と分けて、ただ念仏をとる証拠に、本願の一を出してとあとの沙汰なしで仕舞と云が、此で選択の意味の分かるところ、本願章已下は三経十二文に付て、弥陀釈迦諸仏の選択を上たるとも、元へかへしてみれば、諸仏の説も、釈迦の説くも弥陀の本願がもとじゃによりて、三経十二文十二章は本願章へ入りてしまふと云聖覚の心、なるほど、善導も礼讃には三仏を出したが、疏の方には順彼仏願と云、望仏本願とて、たゞ本願ばかりでものが書てある。夫を受けたが元祖、夫を受けたが聖覚じゃで、選択集を根にして書きながら十二章は本願の一章へ追い込めたもの。（略）さて其一向専修（前半）の中で、必具三心と三心が細かに弁じて有。是が選択集では三心章をこゝへ写したもの、其三心釈が決するところ、たゞ念仏して疑はぬ。疑はぬ事のうそでなひのが至誠心、疑ぬから願が回願心、體をとれば疑ぬ一心、これがまた選択の三心のきまり處。此の三心は、たゞ専修念仏を疑はぬのじゃで、をさめてみると一向専修へ入って仕舞。（『唯信鈔聞記』二―二一六）

と述べる。まさしく、手を広げたように広範な『選択集』を中心四章にまとめて元へ返したものが『唯信鈔』であると述べる。

後半は、（五）十念について、（六）臨終念仏について、（七）業障について、（八）宿善について、（九）一念についてと五つの異義を取り上げ、その批判をとおして唯信念仏を勧めている。そして、最後に結びとして撰述の意と帰敬の心を記している。

一　専修念仏
　（一）聖浄二門……それ、生死をはなれ仏道をならむと～
　（二）選択本願……そもそも名号をとなふるは～
　（三）専雑二修……つぎにこの念仏往生の門につきて～
　（四）三心具足……つぎに念仏をまふさむには、三心を～
二　異義の批判
　（五）十念について……つぎに本願の文にいはく～
　（六）臨終念仏について……つぎにまた人のいはく～
　（七）業障について……またつぎに、よの中の人のいはく～
　（八）宿善について……つぎにまた人のいはく、五逆の～
　（九）一念について……つぎに念仏を信ずる人のいはく～
三　結び（述意と帰敬）……………………念仏の要義おほしといゑども～

一　専修念仏

（一）聖浄二門

法然の『選択集』に準じて、聖道門と浄土門を判じ、浄土門に諸行往生と念仏往生を立て、それぞれ、自力の往生、他力の念仏往生と名づける。自らの本業であった聖道門の「小報」たることを述べ、「末代の機にかな」うべき浄土門を明かす。そして、前者を「行業もしおろそかなれば、往生とげがたし、かの阿弥陀の本願にあらず。摂取の光明のてらさざるところなり」と述べ、後者については「阿弥陀の名号をとなえて、往生をねがふなり。これはかの仏の本願に順ずるがゆへに正定業となづく」と決し、摂取不捨、順彼仏願故、さらに称名正定業論によって念仏往生のみをすすめる。

法然の『選択集』の総結三選の文では、聖道門を閣《さしお》いて、浄土門を選び、雑行を抛《なげう》って選んで正行に帰し、助業を傍《かたわ》らにして、正定業を選んで専らにすべしと説き、そして、「正定之業とは、すなはち是仏のみ名を称するなり。称名は必ず生を得。仏の本願に依るが故に」と記す。もちろんこれは、善導の称名正定業論に基づくものであるが、今、聖覚は法然の記述を平易な表現で述べている。

ところで、今、聖道門について、

いはゆる真言をおこなふともがらは、即身に大覚のくらゐにのぼらんとおもひ、法華をつとむるたぐひは、今生に六根の証をゑむとねがふなり。まことに教の本意しかるべけれども、末法にいたり、濁世におよびぬれば、現身にさとりをうること、億億の人の中に一人もありがたし。
（『親鸞全』六写(2)―三九・『聖典』九一六）

と述べ、さらに、道綽の『安楽集』によって「大聖をさることとおきにより、理ふかく、さとりすくなきがいたすところか」と述べ、聖道門として、大乗・小乗はもちろん、八宗のすべてを挙げず、ただ、真言と法華（天台）のみを挙げる。そして、天台に身を置く聖覚自身が、天台（法華）を難行としてしりぞけているのである。

また、他力の念仏往生という表現はより親鸞に近い表現であり、平雅行氏のように聖覚が諸行往生を認めているとは理解できない。まさしく、これこそ聖覚の独自の着眼である。

(二) 選択本願

上を受けて、「名号をとなふるは、なにのゆへに、かの仏の本願にかなふとはいふぞ」と自ら問いを発し、本願論を展開する。

まず、『選択集』本願章に倣って五劫思惟の選択本願の生起を解き明かしている。ついで、往生の別因として、易行易修なるがゆえに念仏行が阿弥陀の大悲大願の意趣であると説く。そして、

これによりて一切の善悪の凡夫、ひとしくむまれ、もとにねがはしめむがために、たゞ阿弥陀の三字の名号をとなえむを、往生極楽の別因とせむと、五劫のあひだふかくこのことを思惟しおはりて、まづ第十七に諸仏にわが名字を称揚せられむといふ願をおこしたまへり。この願、ふかくこれをこゝろうべし。

(『親鸞全』六写(2)—四五・『聖典』九一八)

と、注目すべき第十七願をあげる。まず、法蔵菩薩因位の五劫思惟を述べ、直ちに第十七願、諸仏称揚の願を建てる。諸仏によって称名念仏を証し、続いて、第十八願念仏往生の願を掲げるのである。しかも、その展開の論拠を『五会法事讃』に求めるのである。加えて、その易行易修の徳を『十住毘婆沙論』によって述べる。選択摂取によって第十八願にすべての願を摂めとって王本願とした『選択集』の本願論とは、その構造をまったく異にする。ここが、後に親鸞の着眼するところとなり、深い共感を呼ぶところとなるのである。

しかし、それは、すでに霊暀も『唯信鈔講義』で示すがごとく、

第十七願までを選択本願念仏往生の中へ聖覚は収め給ふ　（『真宗大系』三〇―四七七）

と述べ、法然に背くのではなく、

第十七願と第十八願を並べ引用して、念仏往生の誓の義を成立し給ふ。弥陀五劫に思惟して、称名を以て衆生を導かんと案じ出し給ひたれども、この願ばかりにては、称名の誓の十方に弘通すること能はず。称名の本願をば弘通せんがために第十七願を起して十方衆生に我名号を讃ぜられんと。故にこの願に酬ひ顕れて釈迦諸仏弥陀の名号を讃じて此名号を信ぜよ、此名号を称へよと十方に弘通し給ふ　（『真宗大系』三〇―四七七～四七八）

と、法然の『和語燈録』の『三部経釈』や『登山状』の指南と同じであると述べる。すなわち『三部経釈』には、

名号をもて因として衆生を引接し給ふ事を、一切衆生にあまねくきかしめんがために第十七の願に、「十方世界の无量の諸仏、こと〴〵く咨嗟してわが名を称せずといはゞ正覚をとらじ」といふ願をたて給ひて　（『真聖全』四―五五二）

とあり、続いて、

次に十八の願に「乃至十念若不生者不取正覚」とたて給へり

（『真聖全』四―五五四）

と、十八願について述べる。

また、『登山状』には、

ねがはくはわれ十方諸仏に、こと〴〵くこの願を称揚せられたてまつらんとちかひて、第十七の願に「設我得仏　十方无量諸仏　不悉咨嗟称我名者　不取正覚」とたて給ひて、つぎに第十八願の「乃至十念　若不生者不取正覚」とたて給へり。そのむね、无量の諸仏に称揚せられたてまつらんとたて給へり。願成就するゆへに、六方におの〳〵恒河沙のほとけまし〳〵て、広長舌相を出して、あまねく三千大千世界におほいて、みなおなじくこの事をま事なりと証誠し給へり。

（『真聖全』四―七二一）

と述べられており、十七願に諸仏が阿弥陀を称揚するところの諸仏称名の意義を認めており、その方向の視点を持っていたことは確かである。しかし、このような記述は主著『選択集』には述べられておらず、十八願王本願の立場が基本であったと考えられる。

続いて『唯信鈔』では、

名号をもて、あまねく衆生をみちびかむとおぼしめすゆへに、かつ〴〵名号をほめられむとちかひたまへるなり。しからずは、仏の御こゝろに名誉をねがふべからず。諸仏にほめられて、なにの要かあらん。

と述べて、法照の『五会法事讃』の、

如来尊号甚分明、十方世界普流行、
但有称名皆得往、観音勢至自来迎

（『親鸞全』六写(2)―四五・『聖典』九一八）

が引かれる。まさしく、念仏が諸仏の称名として十方世界に普く流行せんとする第十七願こそ、他力行であるとの確認である。

その上で、

さて、つぎに第十八に念仏往生の願をおこして、十念のものをもみちびかむとのたまへり。

（『親鸞全』六写(2)―四六・『聖典』九一九）

といい、そして、我ら愚鈍の凡夫の救済を「盤特がともがらなりともたもちやすくこれをとなふるに（略）なに人かこれにもれむ」と盤特を例に述べる。そしてその第十八願意を示す証文として、『五会法事讃』の、

彼仏因中立弘誓　　聞名念我総迎来

不簡貧窮将富貴　不簡下智与高才
不簡多聞持浄戒　不簡破戒罪根深
但使廻心多念仏　能令瓦礫変成金

を引く。この文は「本願章」の私釈第二問答に引用された文である。『唯信鈔』では続いて、龍樹の『十住毘婆沙論』の難易二道判が引かれ、難行道が聖道門であること、易行道が浄土門であると説く。そして、注目すべきは、

浄土門にいりて諸行往生をつとむる人は、海路に船にのりながら順風をえず、ろをおし、ちからをいれて、しおぢをさかのぼり、なみまをわくるにたとふべきか。

（『親鸞全』六写(2)―四七・『聖典』九一九）

とたとえて、成就しがたきことを説いている。

(三)　専雑二修

念仏往生について専雑二修を判じ、その得失を論ず。そして、結局は「一土を願ひ、一仏を念ずるほかは、その用あるべからず」と専修念仏を説く。法然においては、『選択集』の総結三選の文で浄土門において正雑二行の中、正行を選び、正助二業の中で正定業を選ぶ。今、聖覚は、

専修といふは、極楽をねがふこゝろをおこし、本願をたのむ信をおこすより、たゞ念仏の一行をつとめて、またく余行をまじえざるなり。他の経・呪おもたもたず、余の仏・菩薩おも念ぜず。たゞ弥陀の名号をとなえ、ひとえに弥陀一仏を念ずる、これを専修となづく。
（『親鸞全』六写(2)―四八・『聖典』九一九）

つまり、ただ念仏一行を専修正行といい、

雑修といふは、念仏をむねとすといゐども、また余の行をもならべ、他の善をもかねたるなり。このふたつの中には、専修をすぐれたりとす。
（『親鸞全』六写(2)―四八・『聖典』九二〇）

と、念仏を旨としながらも余行との兼修（正雑兼修）も雑修として退ける。

そして、念仏の門に入りながら、なお余行を兼ねる人は、その心をたずねると、

おのおの本業を執じてすてがたくおもふなり。
（『親鸞全六写(2)―四九・『聖典』九二〇』）

念仏にならべてこれ（一乗・三密）をつとむるに、なにのとがあらんとおもふなり。
（『親鸞全』六写(2)―五〇・『聖典』九二〇）

との二由を挙げ、善導の『法事讃』の、

極楽無為涅槃界　随縁雑善恐難生
故使如来選要法　教念弥陀専復専

を引用し、「随縁の雑善ときらえるは、本業を執ずるこゝろなり」と述べる。専修をすぐれたものとするのは、「もとより濁世の凡夫なり。ことにふれてさわりおほし。弥陀これをかゞみて易行の道をおしえたまへり」とのことによるのである。

了祥は「念仏を本としながら、諸行へ心をのこす奴」（『聞記』三―二七会）として、『往生要集』（源信）、『往生拾因』（永観）、『決定往生集』（珍海）、さらに『撰集抄』（西行）、『発心集』（長明）、『閑居友』（作者不明、慈鎮説あり）を挙げ、さらに、『秘密念仏鈔』（道範）、『沙石集』（無住）に載せる栄西を挙げ、真言を混ぜるものと批判する。法然以前、同時代のものを「念仏はばかれども、みな雑修」（同上）とする。

ついで、法然門下についても、諸行本願義の長西、隆寛の門下、それに西山、鎮西も「みな雑修にはげみて仕舞ふ」（三―二七会）と述べる。

ところで、法然の立場は、

専修――唯正行（念仏）（立）有十三得故
雑修――唯雑行（諸行）（廃）有十三失故

であり、今、聖覚の立場は、

専修――唯正行（立）
雑修――雑行・正雑兼修（廃）

とされる。ここで注意すべきは、専修の内容が、法然のいう専修よりも、いっそう狭義に使われていることである。しかし、両者に違いがあるかのごとくであるが、実は、法然は『和語燈録』五で、

本願の念仏には、ひとりだちをせさせて助をさゝぬ也　　（『真聖全』四―六八二）

といい、また、『選択集』「三輩章」では「念仏を助成せんが為に此の諸行を説く」という立場の念仏、いわゆる助成念仏を廃している。すなわち、これは正雑兼修の否定であり、結局は同趣旨とみることができる。ただ、この段で聖覚は、「本尊にむかはゞ、弥陀の形像にむかふべし。たゞちに弥陀の来迎をまつべし」と来迎往生を説いている。この点は親鸞の『唯信鈔文意』の解釈とは大きく違う。

また、後に天台の探題となる聖覚が「念仏の門にいりながら、なほ余行をかねたる人は、そのこゝろをたづぬるに、おのおの本業に執じてすてがたくおもふなり」と述べていることは、どう理解すべきかであり、注意すべきである。

（四）　三心具足

「念仏をまふさむには、三心を具すべし」と『観経』に説かれる至誠心、深心、回向発願心を具足することを説

く。前三段が一向専修の念仏行を勧めるのに対して、この一段は三心を勧める。そして『往生礼讃』の「具此三心必得往生也　若少一心即不得生」の文を引き、三心の中で一心欠けても往生できないと説く。往生できないのは三心を欠くからであるとする。そして、その三心の中、まず至誠心について、

ひとつには至誠心、これすなわち真実のこゝろなり。おほよそ仏道にいるには、まづまことのこゝろをおこすべし。
（『親鸞全』六写(2)―五四・『聖典』九二二）

と釈し、内心と外相の一致を説く。つまり、真実心に違える相をひるがえして、真実心を心得よと述べ、善導「散善義」の「不得外現賢善精進之相　内懐虚仮」を証文として挙げる。

ついで、

ふたつに深心といふは、信心なり。まづ信心の相をしるべし。信心といふは、ふかく人のことばをたのみてうたがはざるなり。
（『親鸞全』六写(2)―五六・『聖典』九二三）

と述べ、深心とは、文字どおり信心であり、深く人のことばをたのみて、疑わないことであると解する。そして、具体的に、

もときゝしことをふかくたのむ、これを信心といふなり。いま釈迦の所説を信じ、弥陀の誓願を信じてふた

ごゝろなきこと、またかくのごとくなるべし。（同）

と釈する。この立場は、善導の就人立信の理解である。

ついで、

いまこの信心につきてふたつあり。ひとつには、わがみは罪悪生死の凡夫、曠劫よりこのかた、つねにしづみつねに流転して、出離の縁あることなしと信ず。ふたつには、決定してふかく阿弥陀仏の四十八願、衆生を摂取したまふことをうたがはざれば、かの願力にのりて、さだめて往生することをうと信ずるなり。

（『親鸞全』六写(2)―五七・『聖典』九二三）

と二種深信について述べる。その中で、『五会法事讃』の「不簡破戒罪根深」を引き、罪深くば、極楽を願えと、そして、『法事讃』の「三念五念仏来迎」を引いて善少なければますます弥陀を念ずべしと勧める。そして、二種深信を、

仏力無窮なり、罪障深重のみをおもしとせず。仏智无辺なり、散乱放逸のものおもすつることなし。信心を要とす、そのほかおばかへりみざるなり。信心決定しぬれば、三心おのづからそなわる。

（『親鸞全』六写(2)―五九・『聖典』九二四）

と言い換え、そこに、至誠心と回向発願心もそなわると見ている。

本願を信ずることまことなれは、虚仮のこゝろなし。浄土まつことうたがひなければ、廻向のおもいあり。このゆへに、三心ことなるににたれども、みな信心にそなわれるなり。（同）

と述べ、深心に三心が具するとの理解である。そして、最後に、回向発願心の釈であるが「な（名）の中にその義きこえたり」と述べ、詳述しない。

ところで、法然の『選択集』では、「必具三心」と説き、「生死之家以疑為所止、涅槃之城以信為能入」と信を勧めるが、今、聖覚はさらに善導の「若少一心」を「一心かけぬれば」と読む。そして、「三心ことなるににたれども、みな信心にそなわれる」という。つまり、三心は深心（信心）におさまると理解する。したがって、信心かけぬれば「即不得生」ということになる。「唯信」の言葉どおりの理解である。後に、親鸞が『唯信鈔文意』で「若少一心」を「本願の一心がかけたならば……」と理解するが、聖覚の表現にその底意が感じ取れる。

結局、ここでは、念仏往生の三心を『観経』と『往生礼讃』によって説く。しかし、『観経』の三心の域を出るものではないが、

たゞ信心のてをのべて、誓願のつなをとるべし。仏力無窮なり、罪障深重のみをおもしとせず。仏智无辺なり、散乱放逸のものおもすつることなし。信心を要とす、そのほかおばかへりみざるなり。信心決定しぬれば、三心おのづからそなわる。本願を信することまことなれは、虚仮のこゝろなし、浄土まつことうたかひなければ、

廻向のおもひあり。このゆへに三心ことなるににたれどもみな信心にそなわれるなり

と、本願による救いを罪障深重たる自己の内面に問うている。それは必然的に自己の信の問題となり、「唯信」論になっているのである。

二　異義の批判

次に、後半は異義を挙げて批判を試みている。

(五)　十念について

後の四つの課題の根本となるもので、三心具足段に続いて願文の「乃至十念　若不生者　不取正覚」を挙げ、十念についての誤解について釈す。当時の人々が、

この十念といふにつきて、人うたがひをなしていはく、『法華』の一念随喜といふは、深く非権非実の理に達するなり（『親鸞全』六写(2)―二六〇・『聖典』九二四）

と、天台の一念随喜の一念と混同して理解していることを正している。これは、『法華経』第六随喜功徳品（『大正蔵』九―四六〜四七）所説の事柄で、先学によれば、随喜とは事理に随順し慶喜することで、それが、権実の事理に達して卯の毛のさきほども、疑いのないことを一念というと説明している（義門『唯信鈔講説』・『真宗全書』四五

―四七六）

ここでいう十念とは、十遍の名号のことであり、証文として、『観経』下品下生の「具足十念　称南無無量寿仏称仏名故　於念念中　除八十億劫生死之罪」と、善導の「若我成仏　十方衆生　称我名号　下至十声　若不生者不取正覚」（『往生礼讃』）とを挙げ、「十声といえるは口称の義をあらはさむとなり」という。この所説は『選択集』「本願章」の念声是一の義によるものである。そして、念即声（称）の根拠を『観経』ではなく、『大経』（第十七願）に求めようとしたのが、第十七、十八、二願分相の考えであり、その徹底が親鸞の『唯信鈔文意』の解釈である。

（六）　臨終念仏について

臨終の念仏と尋常の念仏の功徳の差異について論じる。

臨終の念仏は功徳はなはだ深し。十念に五逆を滅するは臨終の念仏のちからなり。尋常の念仏は、このちからありがたし

（『親鸞全』六写(2)―六一・『聖典』九二五）

という通説を挙げ、平生の念仏を軽んずる風潮について答える。すなわち、

臨終の念仏は、功徳ことにすぐれたり。（略）これをおもふに、やまひおもく、いのちせまりて、みにあやぶみあるときには、信心おのずからおこりやすきなり。（略）いのちおしむこゝろふかきによりて、これをのべ

むといえば、ふかく信ずるこゝろあり。臨終の念仏これになずらえてこゝろえつべし　（同）

と釈する。そして、後生の苦しみ、恐れを離れようとして、善知識のおしえによって十念の往生を聞き、深重の信心たちまちおこり、疑うこころがなくなるという。それゆえ、

くるしみをいとふこゝろふかく、たのしみをねがふこゝろ切なるがゆへに、極楽に往生すべしときくに、信心たちまちに発するなり。いのちのぶべしといふをききて医師・陰陽師を信ずるがごとし。もし、このこゝろならば最後の刹那にいたらずとも、信心決定しなば、一称一念の功徳、みな臨終の念仏にひとしかるべし

（『親鸞全』六写(2)―六四・『聖典』九二六）

と尋常（平生）の念仏の功徳も同じであることを述べる。

もとより法然も、『念仏往生要義抄』中で、

問ていはく、最後の念仏と平生の念仏といづれかすぐれたるや。答ていはく、たゞ同じ事也、そのゆへは、平生の念仏、臨終の念仏とて、なんのかはりめかあらん、平生の念仏の、死ぬれば臨終の念仏となり、臨終の念仏の、のぶれば平生の念仏となる也。

（『真聖全』四―五九五）

と述べる。もちろん、この背景には、臨終念仏の功徳として聖衆来迎の有無の問題がある。平生の念仏を認めると

は、幾分「来迎にとらわれない」という方向性も見える。その展開が、『唯信鈔文意』で親鸞によって明確にされるのである。

（七）業障について

たとい弥陀の願力をたのんで極楽に往生したいと思っても先世の罪業の業力が強くて、悪趣（地獄・餓鬼・畜生）の生にひかれたら浄土に生まれることが難しいのではないか、という疑問である。それについて、

たとひ悪趣の業をみにそなえたりとも、その業は人界の生をうけし五戒よりは、ちからよわしといふことを。もししからば五戒をだにも、なほさえず、いはむや十念の功徳をや。五戒は有漏の業なり。念仏は無漏の功徳なり。五戒は仏願のたすけなし。念仏は弥陀の本願のみちびくところなり
（『親鸞全』六写(2)―六五・『聖典』九二七）

と、五戒に比較して念仏の功徳の極善最勝を述べる。そして、

念仏の功徳はなほし十善にもすぐれ、すべて三界の一切の善根にもまされり。いはんや五戒の少善おや。五戒をだにもさえざる悪業なり、往生のさわりとなることあるべからず
（『親鸞全』六写(2)―六六・『聖典』九二七）

と念仏の功徳が一切に勝って優れているので、いかなる悪業もそのさわりとならないというのである。『選択集』

の勝劣難易の試解の前段の主張と同じであり、「念仏（者）は無碍の一道」であり、その特秀性において何者にもさまたげられないというのである。

ちなみに、ここの所説は、『浄土論註』八番問答からの引用である。すなわち、

業道は秤の如し、重きもの先づ牽く。（略）まづ牽く之義、理に於いて如何ぞ。また曠劫よりこのかた備に諸行を造って有漏之法は三界に繋属せり。ただ十念阿弥陀仏を念じたてまつるを以って便ち、三界を出ず。繫業之義、復云何が欲はむや。答へて曰く、汝謂五逆十悪の繫業等を重しと為し、下下品の人の十念を以って軽と為して、罪の為に牽かれて、まづ、地獄に堕ちて、三界に繫在すべくば、今とまさに義を以って軽重之義を校量すべし。（原漢文・『真聖全』一―三〇九）

によっている。

先世の業が重ければ、悪趣の業、身に具えたりとしながらも、それは五戒よりも弱い。さらに有漏の業たる五戒は仏願のたすけがない。無漏の念仏の功徳は弥陀の導くところですべてに勝るので専修の行者には宿業の軽重は何らかかわらないというのである。結局、念仏は阿弥陀の本願力によるもので、三界の繫業を牽くしかない。したがってその功徳は五戒・十善に勝過するゆえ、いかなる悪業も念仏の碍《さわ》りとならないとするのである。

（八）宿善について

宿善についての問いである。

五逆の罪人、十念によりて往生すといふは、宿善によるなり。われら宿善をそなえたらんことかたし、いかでか往生することをえむや
（『親鸞全』六写(2)―六六・『聖典』九二七）

との疑問を挙げる。了祥の『聞記』によれば、この疑問は永観の『往生十因』に由来する。すなわち、『往生十因』には、

若し現業を疑はば、五逆を造れる者、十念を具足すれば、罪を滅して、往くことを得る。何に況や、余罪をや。疑する者の云はく、彼の造悪の者は、宿善の強きに由って、命終のときに臨みて善知識に遇ふて、十念を具足して、即ち往生を得る。また仁が疑ひに由って愈々増信す。逆者の十念すら宿善なを強し、何に況や一生不退の念仏をや。
（原漢文・『浄土宗全書』一五―三七四）

と記されている。

これを受けて、本鈔では、

しかるに、善心なし。はかりしりぬ、宿善すくなしといふことを。われら罪業おもしといふとも、五逆おばつくらず。善根すくなしといゑどもふかく本願を信ぜり。逆者の十念すら宿善によるなり。いはむや尽形の称念むしろ宿善によらざらんや
（『親鸞全』六写(2)―六七・『聖典』九二七）

といい、

なにのゆへか、逆者の十念おば宿善とおもひ、われらが一生の称念をば宿善あさしとおもふべきや　（同）

と疑難を退ける。そして、平生の一生の称名念仏を勧める。

（九）　一念について

一念についての問いである。

往生浄土のみちは、信心をさきとす。信心決定しぬるには、あながちに称念を要とせず。『経』（大経）にすでに「乃至一念」ととけり。このゆへに一念にてたれりとす　（『親鸞全』六(2)―六七・『聖典』九二八）

という主張、いわゆる一念偏執の質疑についての是非を述べる。このような疑問はすでに法然在世の吉水時代からあった。また、「唯信」の語を自力の立場から短絡的にとらえて単純に信心を先とするのだから、行としての称念は不要と解する者がいたとも思われる。

これについて聖覚は

往生の業、一念にたれりといふは、その理まことにしかるべしといふとも、遍数をかさぬるは不信なりといふ、

すこぶるそのことばすぎたりとす

（『親鸞全』六写(2)—六八・『聖典』九二八）

といい、

一念をすくなしとおもひて、遍数をかさねずは往生しがたしとおもはば、まことに不信なりといふべし（同）

という。つまり、自力の行としての多念義を否定する。そして、

往生の業は一念にてたれりといゑども、（略）ひめもすにとなへ、よもすがらとなふとも、いよいよ功徳をそへ、ますゝゝ業因決定すべし（同）

という。また、

一念といえるは、すでに経の文なり。これを信ぜずば、仏語を信ぜざるなり

といい、結局は、

このゆへに、一念決定しぬと信じて、しかも一生おこたりなくまふすべきなり。これを正義とすべし（同）

と答える。「乃至一念」は多念無用を教えるものではなく、「上盡一形、下至一声」までもおさめることと釈し、多念相続すべきことを明かすのである。

ところで、このことは、法然の『登山状』などに、

信を一念にむまるととりて、行をば一形にはげむべしとすすむる也（『真聖全』四―七二〇）

とあることとおもむきを同じくする。しかし、ここでは、さらに踏み込んで「一念をすくなしとおもひて、遍数をかさねずは往生しがたしとおもはば」と、一念を自力行としてのひとこえの念仏（一念義）を否定し、同時に自力行としての「遍数をかさぬる」こと（多念義）を否定している。つまり、言わんとすることは第十七願による他力行としての称名念仏であるがゆえに遍数を問わないということであり、「一念決定しぬと信じて、しかも一生おこたりなくまふすべき」であると領解しているのである。まさしく、親鸞の理解と軌を一にするものである。

そして、以上のことを論じるにあたって、『大』『観』二経のほか、善導および「後善導」と呼ばれる法照からの引文が多い。「偏依善導一師」という法然の立場を相承する聖覚からすれば当然であろうが、法照の『五会法事讃』からの引文が多いのは聖覚が唱導家であることを考えれば当然といえよう。

三　結び（述意と帰敬）

最後に結びとして撰述の意と帰敬の心を述べる。巻末に

念仏の要義おほしといゑども、略してのぶることかくのごとし。これをみんひと、さだめてあざけりをなさんか。しかれども、信・謗ともに因として、みなまさに浄土にむまるべし

（『親鸞全』六写(2)―六九・『聖典』九二八）

とある。

『選択集』の末尾には、

よって今、なまじひに念仏の要文を集めて、あまつさへ念仏の要義を述ぶ

（『真聖全』一―九九三）

とある。もちろん、聖覚は、この言葉を意識しているのは明らかである。したがって、本鈔の結文の意味は、「念仏の要義」つまり、『選択集』を略して述べたとの意味である。

続いて、「信謗ともに因として」の文が、『教行信証』の結文の「信順為因、疑謗為縁」と同様であり、また、それが、『往生要集』の「見者取捨令順正理、若偏生謗、亦不敢辞」にならったものであるという了祥の指摘もある。そして、最後の「われおくれば人にみちびかれ、われさきだたば人をみちびかん」は、『安楽集』にならったものであり、その『安楽集』の文は『教行信証』の末尾にも引用される。

このように、「念仏の要義」を述べるという『選択集』『唯信鈔』『教行信証』の一貫した撰述の意趣が示されており、三者の立場が同じであることは明らかである。

結頌として末尾に次の八句の偈頌《げじゅ》が記されている。

本師釈迦尊　悲母弥陀仏　左辺観世音　右辺大勢至
清浄大海衆　法界三宝海　証明一心念　哀愍共聴許
（『親鸞全』六写(2)―七〇『聖典』―九二九）

これについて霊暀の『唯信鈔講義』には、「三宝の証明を希求し給ふの偈文なり」（『真宗大系』五〇七）という。選択本願の念仏がひろく諸仏によって証誠されんことを願って結ばれている。

なお、巻末に現代語訳を付した。

第四節　『選択集』と『唯信鈔』

前節で『唯信鈔』の概要を述べてきたが、このうち、念仏の要義を述べる（一）（二）（三）（四）は、『選択集』の教相・二行・三心の各章の略述である。具体的に対照してみることとする。

教相二門判について

『選択集』（教相章）（原漢文）	『唯信鈔』
且く浄土宗に就いて略して二門を明さば、一つには聖道門、二つには浄土門なり。初めに聖道門といふは、これに就いて二あり。一つには大乗、二つには小乗なり。大乗の中に就いて顕蜜・権実等の不同有りといえども、	夫、生死をはなれ仏道をならむとおもはむに、ふたつのみちあるべし。ひとつには聖道門、ふたつには浄土門なり。聖道門といふは、この娑婆世界にありて行をたて功をつみて今生に証をとらむ

今この集の意は、唯顕大及び権大を存す。故に歴劫迂廻之行に当れり。之に準じて之を思ふに応に蜜大および実大を存すべし。然れば則ち今真言・仏心・天台・華厳・三論・法相・地論・摂論、此等の八家之意、正しく此に在りと。応に知るべし。次に小乗といふは、総じて是、小乗の経律論之中に明かす所の声聞・縁覚の断惑証理入聖得果の道なり。（略）次に往生浄土門といふは、此れに就いて二あり。一つには正しく往生浄土之教を明かす之教。二つには傍らに往生浄土を明かす之教なり。初めに正しく往生浄土を明かす之教といふは、三経一論是なり。三経といふは、一つには『無量寿経』、二つには『観無量寿経』、三つには『阿弥陀経』なり。一論といふは、天親の『往生論』是なり。或いは此の三経を指して浄土の三部経と号すなり。（略）今は唯是弥陀の三部なり。故に浄土の三部経と名く也。弥陀の三部といふは是浄土の正依経也。次に傍らに往生浄土を明かす之経といふは『華厳』『法華』『随求』『尊勝』等の諸の往生浄土を明かす之諸経是也。又『起信論』『宝性論』『十住毘婆

とはげむなり。いはゆる、真言をおこなふともから は、即身に大覚のくらゐにのぼらんとおもひ、法華をつとむるたぐひは、今生に六根の証をゑむとねがふなり。まことに教の本意しかるべけれども、末法にいたり、濁世におよびぬれば、現身にさとりをうること、億億の人の中に一人もありがたし。（略）まことにこれ大聖をさることとおきにより、理ふかくさとりすくなきがいたすところか。ふたつに浄土門といふは、今生の行業を廻向して、順次生に浄土にむまれて、浄土にして菩薩の行を具足して、仏にならむと願ずるなり。この門は末代の機にかなえり。まことにたくみなりとす。

沙論』『摂大乗論』等の諸の往生浄土を明かす之諸論是也。凡そ此の『集』の中に、聖道・浄土の二門を立つる意は聖道を捨てて浄土門に入らしめんが為也。此れに就いて二の由有り。一つには大聖を去ること遥遠なるに由る。二つには理深く解微なるに由る。

両書は聖道・浄土の二門を判じ、いずれも道綽の『安楽集』の所説の二由を根拠に聖道門を捨てて、浄土門に入れと述べる。教判上における位置はまったく同じであり、両書は同一趣旨を語るものである。いわゆる浄土宗独立宣言である。ただ、ここで注意すべきは、聖覚の立場がいわゆる順次往生の立場であるという点である。浄土往生においても菩薩行が必要で、その後に成仏するという浄土教一般の理解にとどまっている。この点は、法然の『往生大要鈔』にも、

浄土門は、まづこの娑婆世界をいとひすてゝ、いそぎてかの極楽浄土にむまれて、かのくにゝして仏道を行ずる也　（『昭和新修法然上人全集』四九）

と、見られるところである。法然の立場はそのまま相伝しているが、往生即成仏とする親鸞の考え方とは相当な隔たりがある。聖覚は、天台僧でありながらも、浄土門の独立性を宣揚している。しかし、その証果においては、従来の寓宗時代の解釈に立っており、この点の展開こそが、『唯信鈔文意』に示される重要課題である。

念仏往生について

『選択集』では二行章に相当する部分である。『唯信鈔』ではそれが本願論をはさんで前後二段に分かれる。つまり、二門判に続いて、直ちに諸行往生と念仏往生を示し、念仏往生は、称名によって往生を願うことであり、善導の言うごとく「彼の仏願に順ずるが故」に称名が正定業であり、他力往生であることを述べる。そして、独自の本願論を展開する。つまり、第十七願に裏づけられたところの第十八願念仏を明かすのである。そのことを踏まえて、後半に入り、専雑二修が判じられる。そして、専修をより狭義にとらえ、一向専修の念仏行を勝とするのである。

『選択集』（二行章）（原漢文）	『唯信鈔』
善導和尚の意に依るに往生の行多しと雖も大に分かちて二と為す。一つには正行、二つには雑行なり。初めに正行といふは、之について開合の二義有り。初めには開いて五種となし、後には合して二種と為す。初に開いて五種となすとは、一つには読誦正行、二つには観察正行、三つには礼拝正行、四つには称名正行、五つには讃嘆供養正行也。（略）次に合して二種となすとは、一つには正業、二つには助業なり。初めに正業といふは、上の五種之中第四の称名をもって正定之業となす。即ち文に「一心に弥陀の名号を専念して、行住坐臥に時節の久近	「この門にまたふたつのすぢわかれたり。ひとつには諸行往生。ふたつには念仏往生なり。諸行往生といふは、あるいは父母に孝養し、あるいは師長に奉持し、あるいは五戒・八戒をたもち、あるいは布施・忍辱を行じ、乃至三蜜・一乗の行をめぐらして浄土に往生せむとねがふなり。これみな往生をとげざるにあらず、一切の行はみなこれ浄土の行なるがゆへに。たゞこれはみづから行をはげみて往生をねがふがゆへに、自力の往生となづく。行業もしおろそかならば、往生とげがたし、

を問わず、念々に捨てざる者は、是を正定之業と名くと。彼の仏願に順ずるが故に」と云へる是なり。次に助業といふは第四の口称を除きて之外、読誦等の四種をもって而も助業となす。即ち文に「若し礼誦等に依るを、即ち名けて助業と為す」と云へる是也。問ふて曰く。何が故ぞ五種之中に、独り称名念仏をもって正定之業となすや。答へて曰く。彼の仏願に順ずるが故に。意に云く、称名念仏は是彼の仏の本願の行なり。故にこれを修する者は彼の仏願に乗じて必ず往生を得る也。その本願の義下に至りて知るべし。

次に雑行といふは、即ち文に「此の正助二行を除きて已外、自余の諸善を悉く雑行と名く」と云へる是也。意に云く。雑行無量なり。具に述ぶるに遑あらず。但し今宜しく五種の正行に飜対して以って五種の雑行を明さん也。一つには読誦雑行、二つには観察雑行、三つには礼拝雑行、四つには称名雑行、五つには讃嘆供養雑行也。（略）次に二行の得失を判ずとは「若し前の正助二行を修するは心常に親近し、憶念断えず、名けて無間と為す

かの阿弥陀仏の本願にあらず。摂取の光明のてらさざるところなり。ふたつに念仏往生といふは、阿弥陀の名号をとなえて往生をねがふなり。これはかの仏の本願に順ずるがゆへに正定の業となづく。ひとへに弥陀の願力にひかるゝがゆへに他力の往生となづく」

「つぎにこの念仏往生の門につきて、専修・雑修の二行わかれたり。専修といふは、極楽をねがふこゝろをおこし、本願をたのむ信をおこすより、たゞ念仏の一行をつとめて、またく余行をまじえざるなり。他の経・呪おもたもたず、余の仏・菩薩おも念せず、たゞ弥陀の名号をとなえ、ひとえに弥陀一仏を念ずる、これを専修となつく。雑修といふは、念仏をむねとすといゑども、また余の行おもならべ、他の善おもかねたるなり。このふたつの中には、専修をすぐれたりとす。そのゆへは、すでにひとへに極楽をねがふ、かの土の教主を念ぜむほか、なにのゆへか他事をまじえむ」

也。若し後の雑行を行ずるは即ち心常に間断す。回向して生を得べしと雖も、衆て疎雑之行と名くといへる。」即ちその文なり。此の文の意を案ずるに、正雑二行に就いて五番の相対あり。一つには親疎対、二つには近遠対、三つには有間無間対、四つには回向不回向対、五つには、純雑対也。（略）但し往生の行に於いて而も二行を分かつこと善導一師のみに限らず。

『選択集』は「二行章」においてほとんど善導によって正雑・助正の廃立の得失を論じる。さらに称名正定業論を相承して「称名念仏は是彼の仏の本願の行也。ゆえに之を修するものは、彼の仏願に乗じて必ず往生を得るなり。」（『真聖全』一―九三五）と称名こそまさしく浄土往生の正行であると述べる。

『唯信鈔』においても『選択集』と同様、浄土門を二つに分ける。三密一乗等の諸行往生は、自力往生であるがゆえに「行業もしおろそかならば往生とげがたし。かの阿弥陀仏の本願にあらず。摂取の光明のてらさざるところなり。」（『親鸞全』六写(2)―四二・『聖典』九一七）とそれを退けるのである。逆に、「念仏往生といふは、阿弥陀の名号をとなえて往生をねがふなり。これは、かの仏の本願に順ずるがゆへに」（同）往生の因となり、他力行たることを明かすのである。さらに、専修を説くに「本願をたのむ信をおこすより、たゞ念仏の一行をつとめて、またく余行をまじえざるなり」（『親鸞全』六写(2)―四八・『聖典』九二〇）「余の仏・菩薩おも念ぜず、たゞ弥陀の名号をとなえ」（同）といい、これを受けて善導の『往生礼讃』の文「意を専らにして作さしむれば、十は即ち十ながら生ず。雑を修するは至心ならざれば、千が中に一も無し」（『真聖全』一―六五二）（『唯信鈔』での引用は取意）、ならびに『法事讃』の文「極楽は無為涅槃の界なり。随縁の雑善恐らくは生じ難し。ゆえに如来要法を選びて、教へて弥陀を念ぜん。専らにしてまた専らならしめたまへり。」（『親鸞全』六写(2)―五〇・『聖典』九二〇）が引かれるのである。つまり、『唯信鈔』においても、善導の称名正定業論に基づいて諸行往生と念仏往生の得失が論じられているのである。

そして、本願論を挟んだ後段では専雑二修の得失を述べ、本願の行が唯一念仏行であるとして、専修念仏を優れたりと結論づけるのである。しかし、ここで注意したいのは、法然にあっては、専修即正行であり、雑修即雑行である。ところが、『唯信鈔』にあっては、専修即正行の中に、「念仏をむねとすといゑども、また余の行おもならべ、他の善おもかねたるなり。このふたつの中には、専修をすぐれたりとす。」（『親鸞全』六写(2)―四八・『聖典』九二〇）と、さらに専雑を分別している。つまり、助業と正定業、諸善と称名念仏などの兼業までも、雑修として退けている。二行についても概略両書が同じ立場であり、『選択集』がそのまま相承されているといえる。ただ専雑二修では、『唯信鈔』の方に、余行の兼行までも許さない、より純粋性を求めるさらなる展開がみられる。それも、ひいては信の深まりを示すものである。

三心について

『選択集』（三心章）（原漢文）	『唯信鈔』
引く所の三心はこれ行者の至要なり。所以はいかん。	つぎに念仏をまふさむには、三心を具すべし。

『経』には則ち「三心を具する者は、必ず彼の国に生ず」と云う。明らかに知ぬ、三心を具して必ずまさに生を得べし。『釈』には則ち「若し一心少けぬれば即ち生を得べからず」と云えり。明らかに知んぬ。一心少けぬれば、是さらに不可なり。茲に因って極楽に生まれんと欲はん之人は、全く三心を具足すべし。其の中に至誠心とは是真実心也。其の相彼の文の如し。但し外に賢善精進の相を現じ、内に虚仮を懐くといふは、外とは内に対する之辞也。謂く外相と内心を調《ととの》はざるの意なり。（略）次に深心とは謂く深信之心なり。当に知るべし。生死之家には疑を以って所止と為し、涅槃之城には信を以って能入と為す。故に今二種の信心を建立して九品の往生を決定する者也。（略）回向発願心之義、別の釈を俟つべからず。行者応に之を知るべし。此の三心は総じて之を言へば諸行の法に通じ、別して之を云へば、往生の行に在り。今通を挙げて、別を摂す。意即ち周し。行者能く用心して敢えて忽緒《こっちょ》せしむることなかれ。

たゞ名号をとなふることは、たれの人か一念・十念の功をそなえざる。しかはあれども往生するものはきわめてまれなり。これすなわち、三心を具せざるによりてなり。『観無量寿経』にいはく、「具三心者　必生彼国」といへり。善導の釈にいはく、具此三心必得往生也　若少一心即不得生といへり。三心の中に一心かけぬれば、むまるゝことをえずという。よの中に弥陀の名号をとなふる人おほけれども、往生する人のかたきは、この三心を具せざるゆへなりとこゝろうべし。その三心といふは、ひとつには至誠心、これすなわち真実のこゝろなり。おほよそ、仏道にいるには、まづまことのこゝろをおこすべし。（略）善導の釈にいはく「不㆘得㆘外現㆗賢善精進之相㆖、内懐㆓虚仮㆒」といへり。ふたつに深心といふは、信心なり。まづ信心の相をしるべし。信心といふは、ふかく人のことばをたのみてうたがはざるなり。（略）信心決定しぬれば、三心おのづからそなわ

る。（略）このゆへに三心ことなるににたれども、みな信心にそなわれるなり。みつには回向発願心といふは、なのなかに、その義きこえたり。くわしくこれをのぶべからず。

『選択集』では三心について「是行者の至要なり」と述べ、その論拠を『観経』『往生礼讃』『観経疏』に求める。至誠心の釈においても、「不得外現賢善精進之相内懐虚仮」をもって、衆生においては内外一致して真実であらねばならないといわゆる自利真実の立場で釈している。

『唯信鈔』においてもまったく同様に『観経』『往生礼讃』『観経疏』の釈に基づいて、自利真実の立場で解釈されている。因みに「不得外現……」の加点は、親鸞聖人書写本であるため聖人の読み方になっているが、解釈は内外一致を説く自利真実の立場である。両者の三心は、いわゆる『観経』の三心の解釈にとどまっている。定散を廃して念仏を立てるといえども、三心は散善行の中に説かれる三心である。利他の三心、つまり、『大経』の三心との関係性はなんら述べられていない。『選択集』にあっては、ただ、純粋に「念仏為本」を述べるだけであるが、『唯信鈔』にあっては、「三心ことなるににたれどもみな信心にそなわれるなり」といわゆる「唯信」の立場で理解する。しかし、それとて、自身の真実性を純粋に追究したものであり、『観経』における解釈にとどまっていた。もちろん、後で述べる『唯信鈔文意』では、それが『大経』の本願三心に関係づけられ、利他の三心として展開されている。

ただ『唯信鈔』では

深心といふは、信心なり。まづ信心の相をしるべし。信心といふは、ふかく人のことばをたのみてうたがはざるなり　（『親鸞全』六写(2)―五六・『聖典』九一三）

と釈す。これは、善導の「深信即ち是真実信心なり」（『往生礼讃』・『真聖全』一―六四九）の釈に基づくものである。しかも、その立場が「ふかく人のことばをたのみてうたがはざるなり。」とは就人立信のことであり、それは、結局は「就行立信」に極まるのであり、結局は「唯信」ということになる。また、「三心ことなるにたれども、みな信心にそなわれるなり。」（『親鸞全』六写(2)―六〇・『聖典』九二四）と、信心決定すれば三心おのずから具わるとし、三心を深心の中に統摂して、一心であることを示している。しかし、それとて法然の「涅槃之城には信を以って能入と為す」（『選択集』・『真聖全』一―九六七）をより具体的に展開したものとみることができる。

本願について

『選択集』（本願章）（原漢文）

それ四十八願に約して一応各々選択摂取之義を論ぜば、第一に無三悪趣の願とは、覩見する所之二百一十億土の中に於いて、或いは三悪趣有る之国土有り。或いは三悪趣無き之国土有り。即ち其の三悪趣有る麤悪の国土を選び捨てて其の三悪趣無き善妙の国土を選び取る。故に選

『唯信鈔』

法蔵比丘これをきゝ、これをみて、悪をゑらびて善をとり、麤をすてゝ妙をねがふ。たとへば三悪道ある国土おば、これをゑらびてとらず。三悪道なき世界おばこれをねかひてすなわちとる。自余の願も、これになずらえてこゝろをうべし。この

択と云ふ也。第二に不更悪趣の願とは彼の諸仏土の中に於いて、或いはたとえ国中に三悪趣無しと雖も、其の国の人天壽終之後、其の国より去りて、復三悪趣に更る之土有り。或いは悪道に更らざる之土有り。即ち、其の悪道に更る麤悪の国土を選び捨て、其の悪道に更らざる善妙の国土を選び取る。故に選択と云う也。第三に悉皆金色の願とは彼の諸仏土の中於いて、或いは一土之中に黄白二類の人天之国土有り。或いは純黄金色之国土有り。即ち黄白二類の麤悪の国土を選び捨て、黄金一色の善妙の国土を選び取る。故に選択と云ふ。第四に無有好醜の願とは彼の諸仏土の中に於いて、或いは人天の形色好醜不同之国土有り。或いは形色一類にして好醜有ること無き之国土有り。即ち、好醜不同の粗悪の国土を選び捨て、好醜有ること無き善妙の国土を選び取る。故に選択と云ふ也。乃至、第十八の念仏往生の願とは、彼の諸仏土の中に於いて或いは布施を以って往生の行と為る之土有り。（略）即ち今前の布施・持戒乃至孝養父母等の諸行を選び捨てて、専称仏号を選び取る故に選択と云ふ也。

ゆへに二百一十億の諸仏の浄土の中より、すぐれたることをえらびとりて、極楽世界を建立したまへり。（略）一切の善悪の凡夫、ひとしくむまれ、ともにねがはしめむがためにたゞ阿弥陀の三字の名号をとなえむを、往生極楽の別因とせむと、五劫のあいだふかくこのことを思惟しおはりて、まづ第十七に諸仏にわが名字を称揚せられむといふ願をおこしたまへり。この願、ふかくこれをこゝろふべし。名号をもて、あまねく衆生をみちびかむとおぼしめすゆへに、かつ〴〵名号をほめられむとちかひたまへるなり。しからずば、仏の御こゝろに名誉をねがふべからず。諸仏にほめられて、なにの要かあらむ。如来尊号甚分明、十方世界普流行、但有称名皆得往、観音勢至自来迎といへる、このこゝろか。さてつぎに、第十八に念仏往生の願をおこして、十念のものおもみちびかむとのたまへり。まことにつらつらこれをおもふに、この願はなはだ弘深なり。名号は、わずかに三字且く五の願に約して略して選択を論ず。其の義是の如し。自余の諸願之に準へて応に知るべし。

問うて曰く。普く諸願に約して麤悪を選び捨て善妙を選び取ること其の理然るべし。何が故ぞ第十八の願に一切の諸行を選び捨てて、唯偏に念仏の一行を選び取りて往生の本願と為したもふや。答えて曰く。聖意測り難し。輒く解するに能はず。然りと雖も今試みに二義を以って之を解せば、一つには勝劣の義、二つには難易の義なり。初めに勝劣とは、念仏は是勝、余行は是劣なり。所以は何ん。名号は是万徳之帰する所也。（略）余行は然らず、各々一隅を守る、是を以って劣れりと為す（略）次に難易の義とは念仏は修し易し、諸行は修し難し。

なれは、盤特がともがらなりとも、たもちやすくこれをとなふるに、行・住・座・臥をえらばず、時・處・諸縁をきらはず、在家・出家、若男・若女、老・少、善・悪の人おもわかず。なに人かこれにもれむ。

『選択集』においては第一願から第四願までにそれぞれ選択摂取の義を述べ、以下を乃至して第十八願の選択摂取を述べる。そして、念仏往生の願こそが本願たる所以を勝劣・難易の試解でもって示す。それは、なぜ念仏かという理由でもある。そして、称名念仏こそ正定業であり、その根拠たる第十八願を、後の「特留章」では

四十八願の中、すでに念仏往生の願を以って本願の中の王となす（『真聖全』一―九五五）

という。すなわち、第十八願を王本願、他の四十七願を欣慕の願と位置づけたのである。この一願該摂こそが法然の基本的立場である。

ところが、『唯信鈔』にあっては、いささか趣を異にしている。すなわち、往生極楽の別因を定め明かすに、まず、第十七願に注目し、特にこの願の名号讃嘆、諸仏称揚の言葉に新たな意味を汲み取ったのである。第十七願はもともと「摂法身之願」（『六要鈔』・『真聖全』二―二三〇）とされ、仏徳を称揚讃嘆するものであり、諸仏が互いに讃ずることを誓った願であった。これに対し、

名号をもて、あまねく衆生をみちびかむとおぼしめすゆへに、かつ〴〵名号をほめられむとちかひたまへるなり（『親鸞全』六写(2)―四五・『聖典』九一八）

と明らかに名号讃嘆の意で領解しているのである。そして、それを念仏往生の願に先立って名号を讃嘆するものとして解釈しているのである。つまり、第十七願で諸仏が念仏を讃嘆しているということは、第十八願で十方衆生が救われる証、もしくは根拠となりうるもので、乃至十念の称名行は十七願に裏づけられたものであると示されているのである。第十八願に全てを摂め取った法然に対して、『唯信鈔』では第十七願の諸仏にその意味を見出し、第十八願で言われるところの念仏行が諸仏の行ずる他力行であるという見方がなされたのである。このような立場は、その思想構造上全く独自のものであり、親鸞聖人が深く共鳴するところとなった。もっとも、法然の『三部経大

意』（『昭和新修法然上人全集』三二）、『拾遺語燈録』（『真聖全』四―七二一）で第十七願に触れられているが、ここまでは述べられていないし、主著である『選択集』が第十八願王本願論で貫かれていることからすれば、『唯信鈔』の発揮説とみなければならない。後述するごとく、このことが親鸞教学に決定的な影響を与えた事実を思うとき、この立場は看過できない。

また、『唯信鈔』後半に示される念仏往生についての諸問題の中で、臨終の念仏か、尋常の念仏かの問題について、

> 最後の刹那にいたらずとも、信心決定しなば一称一念の功徳、みな臨終の念仏にひとしかるべし。
>
> （『親鸞全』六写(2)―六四・『聖典』九二六）

と述べる。つまり、平生の信心決定を強調している。

一方、法然においては、『念仏要義鈔』で、同じ質問に対して、

> 問ていはく、最後の念仏と平生の念仏と、いづれかすぐれたるや。答ていはく、たゞおなじ事也。そのゆへは、平生の念仏、臨終の念仏とて、なんのかはりめかあらん。平生の念仏の、死ぬれば臨終の念仏となり、臨終の念仏の、のぶれば平生の念仏となるなり。
>
> （『昭和新修法然上人全集』六八六）

法然は、この問いに対して念仏行そのものをもって論じる。しかし、『唯信鈔』では往生の要件を平生の信心決定

か、否かにおいており、「唯信」の立場が強調されている。

さらに、その諸問題の中で、

五逆の罪人、十念によりて往生すといふは、宿善によるなり。われら宿善をそなえたらむことかたし、いかでか往生することをえむやと。

（『親鸞全』六写(2)―六六・『聖典』九二七）

この問いに対し、聖覚は、

宿業の善悪は、今生のありさまにてあきらかにしりぬべし。（略）善根すくなしといゑども、ふかく本願を信ぜり。

（『親鸞全』六写(2)―六七・『聖典』九二七）

と答える。まさしく、このことは、

また本願ぼこりとて往生かなふべからずといふこと。この条、本願をうたがふ、善悪の宿業をこゝろえざるなり。

（『歎異抄』十三条・『親鸞全』四言(1)―二〇・『聖典』六三三）

という『歎異抄』の記述と軌を一にするものである。本願を信ずる「唯信」の立場が両書に通底している。しかも、それが『唯信鈔』では、決して信偏執、称念不要をいうものではないことを次の問答で明らかにしている。

念仏を信ずる人のいはく、往生浄土のみちは、信心をさきとす。信心決定しぬるには、あながちに称念を要とせず。『経』にすでに「乃至一念」ととけり。このゆへに、一念にてたれりとす。遍数をかさねむとするは、かへりて仏の願を信ぜざるなり。念仏を信ぜざる人とて、おほきにあざけりふかくそしると。

（『親鸞全』六写(2)―六七・『聖典』九二八）

という問いに対して、「一念」というのはすでに経文にある。だからといって遍数を重ねることを不信といってはならない。

このゆへに、一念決定しぬと信じて、しかも一生おこたりなくまふすべきなり。

（『親鸞全』六写(2)―六九・『聖典』九二八）

と答えるのである。信は行を重ねることを否定するものではなく、信が行として相続していくのは当然であると示しているのである。「唯信」といえども決して称念不要をいうものではなく、もちろん「念仏為本」であり、その上での「唯信」である。

以上、『選択集』と『唯信鈔』の記述を対比し、検討を加えたが、やはり、『唯信鈔』は明らかに『選択集』の三大論点を平易に略述したものであり、決して「異質」とはいえない。特に、教相・二行は、『選択集』総結三選の文、つまり、聖浄二門における浄土門の選択、正雑二行における正行の選択、助正二業における正定業の選択に添った内容であり、三心論もまったく同趣である。明らかに、『唯信鈔』は『選択集』の略述書であり、「仮名選択集」とも言える内容である。そこに新たな発揮説として、第十七願に着目した本願論の展開がある。そのことにより諸仏の声を聞く信、「人のことばをたのみてうたがはざる」信心がより明確となる。その意味で題号に「唯信鈔」と名づけられたことが容易に頷ける。その「唯信」という言葉こそ、親鸞聖人の心を深くとらえ、親鸞聖人自身に『唯信鈔文意』を書かしめたのであろう。

第五節　『唯信鈔文意』の概要

先に述べたように『唯信鈔』に「念仏の要義」を見た親鸞は、その中に特に「本願のやう」を学び、共感した。そして、その本願による視座から、改めて『唯信鈔』に引用される十箇の要文の解釈を試みたものが『唯信鈔文意』である。後述の諸問題を考察する前にその概要を見ておきたい。

(一)「唯信鈔」についての釈

「唯」を「たゞこのことひとつ」「ひとり」、「信」を「うたがひなきこゝろなり、すなわちこれ真実の信心なり」、「鈔」を「すぐれたることをぬきいだしあつむることばなり」と解するのである。いうまでもなく、信心は、「信巻」字訓釈そのものであり、従来の教行証の三法に対し、親鸞聖人があえて、「教行信証」と四法をたて、「信巻」を開顕する根拠が、「唯信」の言葉にあり、その意味で、『唯信鈔』は親鸞聖人の浄土真宗の興隆に大きな示唆を与えたといえる。

（二）「如来尊号甚分明」以下四句の釈

『唯信鈔』の諸行往生、念仏往生の二行の得失を論ずる段で、第十七願諸仏称揚の根拠として引用されている法照の『五会法事讃』の文である。この文は大行を讃嘆する釈文の一つとして「行巻」にも引かれる文である。特に、ここで親鸞聖人は「如来尊号」という点から、無碍光、智慧光の光益に基づく、いわゆる名号論を展開する。さらに「自来迎」の「自」を他力の構造を集約しているともいうべき、「転ず」、つまり「転成」でもって釈する。そして、自然（おのずから、しからしむる）の来迎と解し、独自の見方をする。従来の臨終来迎という自力の意味を覆し、仏の「むかへ」「まつ」「法性のみやこへかへる」と、まったく逆の立場、つまり他力の立場で解釈する。そして、それを此土の益とし、「正定聚不退転」の論へと展開するのである。しかも、それらが第十七願の諸仏が讃嘆するところの称名念仏によるものであるとし、『唯信鈔』の本願論から、ここでは、「称名の本願」として位置づけられる。念仏が諸仏によって十方世界に普く流行するとは、「行巻」の大行論そのものであり、「行巻」もまた、『唯信鈔』の示唆なくしては、成立しなかったであろう。

（三）「彼仏因中立弘誓」以下八句の釈

同じく法照の『五会法事讃』の文により、その中に引かれる慈愍の『般舟三昧讃』の「彼仏因中立弘誓」以下の文を釈す。この文は『選択集』『教行信証』ともに引かれる文である。ここでは、特に後半で「回心」の釈をし、第十八願意による名号は、摂取不捨の故に、財の貧富、才の高下、戒の破持、その他一切を問わず「かわら・つぶてをこがねにかえなさしめむがごとし」と述べる。もちろんそれは、「われら屠沽の下類」という人間観に立ってのことである。

（四）「極楽無為涅槃界」以下四句の釈

『唯信鈔』で専雑二修を釈する中で、引用される善導の『法事讃』の文の解釈である。「涅槃界」より、独自の信心仏性論を説き、そして仏身論へと展開する。従来の聖道門仏教が、自ら本具の仏性を開覚して仏となるという立場に対して、親鸞は、「信心すなわち仏性なり、仏性すなわち法性なり」と述べ、これが現実の人間性の中から、如来を仰ぎ見た信心の体験的領解であることを述べる。それゆえ、涅槃界から来生した方便法身の誓願を信楽する金剛の信心が仏性であると主張するのである。しかも、その如来大悲の誓願力の本質が、すなわち、願作仏心、度衆生心であり、浄土の大菩提心であるとする。そして、その心こそ他力横超の金剛心であるというのである。これまた、独自の仏性論を論じ、信心の本質を明かす。そして、最後に獲信の喜びと真実信心の柔軟性を説いてこの一段をおえる。要するに、ここでは信心こそ涅槃の真因であることを一貫して述べる。

（五）「具三心者必生彼国」の釈

『観経』とそれを釈する善導の『往生礼讃』の文により三心の意を明らかにする。善導、法然、聖覚いずれも『観経』の三心の域で解釈するのに対して、『文意』で親鸞聖人は「若少一心」の一心を真実信心、つまり『大経』の信心と受けとめ、一心が欠（少）けるとは他力の一心が欠（少）けることであると解釈する。

（六）「不得外現賢善精進之相内懐虚仮」の釈

この文は『唯信鈔』の至誠心釈で引用される文で、出典は善導の「散善義」である。もともと、「外に賢善精進の相を現じて内に虚仮を懐くことを得ざれ」と読み、内外一致の精進なる相であれとの意味であるが、それを今あらはにかしこきすかた、善人のかたちをあらわすことなかれ、精進なるすがたをしめすことなかれとなり。そのゆへは「内懐虚仮」なればなり

（『親鸞全』三和―一七九・『聖典』五五七）

と我が身の内懐虚仮なる相を自覚して利他真実に帰する以外に救われる術がないことを自覚する意味に理解されている。

(七)「不簡破戒罪根深」の釈

前に引用されていた『五会法事讃』の中の一句で「もろ〳〵の戒をやぶりつみふかきひとをきらはずとなり」と釈す。

(八)「乃至十念　若不生者　不取正覚」の釈

『唯信鈔』後段の十念異解に引用されている『大経』第十八願文の解釈である。

この文のこゝろは、乃至十念のみなをとなえむもの、もしわがくににむまれずば仏にならじと、ちかひたまへる本願なり

（『親鸞全』三和―一八〇・『聖典』五五八）

と述べ、誤解の多かった乃至、一念、多念については

乃至はかみしもと、おほきすくなき、ちかきとおき、ひさしきおも、みなおさむることばなり。多念にとゞまるこゝろをやめ、一念にとゞまるこゝろをとゞめむがために、法蔵菩薩の願じましますちかひなり

と述べる。

（九）「非権非実」について

『唯信鈔』に「人うたがひをなしていはく、『法華』の一念随喜といふは、ふかく非権非実の理に達するなり」とある中の「非権非実」の言を取り上げる。しかし、これは「浄土真宗のこゝろにあらず、聖道家のこゝろなり。かの宗のひとにたづぬべし」と述べる。

（十）「汝若不能念」「応称無量寿仏」の釈

『観経』下々品の言葉の解釈である。まさしく称名念仏を本願の行として誓われていることをあらわし、まさに無量寿仏のみ名を称うべしと勧める文と解す。

（十一）「具足十念　称南無無量寿仏　称仏名故　於念念中　除八十億劫　生死之罪」の釈

同じく『観経』下々品の言葉の解釈である。この中の「十念」を十遍の念仏と理解する。その根拠に『往生礼讃』の「若我成仏　十方衆生　称我名号　下至十声　若不生者　不取正覚」の文、いわゆる本願加減の文を引いて『選択集』にならって「念即声」つまり、念声是一の義を示す。

以上のように、「唯信」と『唯信鈔』所引の十文について「本願の視座」から親鸞聖人は独自の解釈をする。しかも、その中を一貫して流れる立場は「正定之因唯信心」という立場である。法然の示した選択本願を、大行、大信として十七、十八の二願に分相し、他力信仰として徹底していく展開のプロセスが、『唯信鈔』と『唯信鈔文意』の上に読み取れる。

註

（1）全三巻、三十七会。天保七（一八三六）年五月講述。大谷大学図書館に住田智見所蔵本よりの転写本（明治四十四（一九一一）年七月）を所蔵する。（　）内の数字は巻数と会数を示す。

第二章　「選択」と「唯信」

第一節　第十七願への示唆

法然における「選択」の立場はまさしく行の批判であるが、それは、経典批判、本願批判、廃立批判の上に成り立つものである。そこを拠り所として、闍、抛、傍の鋭い三重の選びが明示されるのである。上述の「唯信はこれこの他力の信心のほかに余のことならはずとなり」（『親鸞全』三和―一五五・『聖典』五四七）という立場は、ここに直結するものである。しかし、これはまさに一向専修と呼ばれるごとく、鋭い本質を持っていた。したがって、この勝れた領解も、反面、表現上で重大な危険を孕んでいた。すなわち、この純粋な表現が直線的、不用意に受け取られる可能性があった。事実、法然教団における内外の諸問題は、すべてその不用意な領解に起因していた。明恵や興福寺の論難も「選択」による諸行の廃捨や不回向の行が直線的、不用意に領解されたことに起因しているし、法然門下においても各流で諸行の受容の仕方が違うことからすれば、その分流もまたここに起因していたといえる。

上に述べたごとく『唯信鈔』は、『選択集』そのものを伝承する。すなわち、教相、二行、本願、三心の各章に準じて「念仏の要義」を述べ、後段では、それに関する信仰上の五つの問題について答えている。しかし、いずれも『選択集』を略述するとはいえ、そこにはいくつかの領解上の特色がみられる。前に一言したごとく、特に本願の領解に独自のものがある。

このような立場から、安居院の聖覚は「唯信」という極めて注目すべき立場で受けとめている。善導が立て、法然に伝承された称名正定業論は「彼の仏願」を絶対の根拠として、念仏の一行を選択されたものである。その結論は『選択集』総結三選の文に示されるとおりである。したがって、『唯信鈔』にもそれが伝承され、「彼の仏願」を明らかにすることを中心課題として起筆されたことは当然といわねばならない。上に述べたごとく、法然においては、専ら第十八願の上にすべてを摂め取り、王本願とした。そして、この願の「乃至十念」を中心に「念声是一」の義をもって専修念仏が説かれていた。したがって、「往生之業念仏為本」も選択本願念仏もすべて第十八願のみを絶対根拠として述べられていた。

ところが、『唯信鈔』にあってはいささか趣を異にし、往生極楽の別因を定め明かすに、まず第十七願に着目し、特にこの願の「名号讃嘆」「諸仏称揚」の願言に乗じて、第十八念仏往生の願を領解するのである。

第十七願はもともと摂法身の願とされ、仏徳を称揚讃嘆するものであり、諸仏が阿弥陀の「称名」すなわち「無量寿仏の威神功徳」を称讃する願であった。これに対し、聖覚は第十七願に、

名号をもて、あまねく衆生をみちびかむとおぼしめすゆへに、かつ〴〵名号をほめられむとちかひたまへるなり。（『唯信鈔』・『親鸞全』六写(2)―四五・『聖典』九一八）

と明らかに名号讃嘆の意を領解しているのである。念仏往生の願に先立って、それを十方世界にあまねく流行させるものとして、第十七願の名号讃嘆の願意を領解しているのである。もとより、『唯信鈔』においては、第十七願

と第十八願が個々に独立して説かれているのではない。第十八願によって十方衆生が救われる根拠として、名号讃嘆の第十七願が注目されているのである。しかも、第十七願を第十八願に対照して「乃至十念」が称名行であることを明示しているのである。すなわち、第十七願への着目から、その「諸仏称揚」の願意に基づいて、念仏往生の大悲が開顕され、第十八願の「乃至十念」に普遍的根拠が裏づけられているのである。第十七願はそのまま第十八願の「乃至十念若不生者」の願意をより明確にし、その本質を助顕するものである。すなわちここでは「ただ阿弥陀の三字の名号を称えむを往生極楽の別因とせむ」こと、つまり、「如来尊号甚分明」を「十方世界に普く流行せしむ」ための本願、すなわち「名号をもて、あまねく衆生をみちびかむとおぼしめすゆへに、かつがつ名号をほめられむ」という〈ちかひ〉として、領解されたのである。ゆえに法照の『五会法事讃』の文が証文として引用され、そこに第十七願によって明らかにされる第十八願の本質的内容が示されているのである。

したがって、ここでは「乃至十念」と「諸仏称揚」はほとんど同視されている。「乃至十念」は第十八願においては、十方衆生に誓われたものであるが、その十方衆生の称名は「十方世界普流行」をその心とする諸仏の称名によって初めて十方衆生の上に成就することが解明されたのである。第十八願は第十七願によって初めて十方衆生に具現され、普遍的なものとして選択本願の本質がいよいよ明確になったのである。ゆえに、他力そのものが明確になり、必然的に信においてのみ本願の正しき受行があることが知らされるのである。まさにそのことは、「行巻」に述べられる本願力回向の大行論を彷彿とさせるものであり、親鸞聖人の共感・共鳴もまた頷かれるのである。

一方このような「行」の問題のみならず、「証」の問題についても、第十七、第十八の二願が同視されている。すなわち、それまで第十八願の内容を顕すとされてきたところの上掲『唯信鈔』に引用された『五会法事讃』の下二句、つまり「但有称名皆得往　観音勢至自来迎」が明らかに第十七願意とみられ、第十七願の証文として引かれている。すなわち、第十八願の「若不生者」の意を第十七願意にみて、往生の証誠を積極的に述べようとしているのである。

しかし、親鸞聖人書写の『聖覚法印表白文』（『親鸞全』六、所収）によれば、聖覚自身、従来の臨終来迎の証果論の上に立っていることは注意しておかなければならない。

このように、『唯信鈔』では、選択本願を受行するにあたり、それを第十七、第十八の二願に開示し、その第十七願諸仏称揚の願意を『五会法事讃』の「如来尊号甚分明　十方世界普流行　但有称名皆得往　観音勢至自来迎」に見たのである。しかも、その前二句を第十八願の「乃至十念」に、後二句を「若不生者」にそれぞれ同視したのである。

したがって、この両願は直接対象が十方諸仏か、十方衆生かというだけで、ほとんど同視されている。換言すれば、第十八願の十方衆生の救済根拠が十方諸仏の名号讃嘆という形で示されたのである。

このような理解に立って、第十七願が十念の称名行であることが明らかとなり、第十八願は十方諸仏を証権として不動のものとなったのである。そのことは同時に弥陀に対する無疑、真実を裏づけることとなり、第十八願の信心為本を助顕することとなるのである。それゆえ、他力そのものがいっそう明確化することとなり、必然的に信においてのみ、本願の正しき受行があることが知らされるのである。『唯信鈔』の主題となる「唯信」の根拠はここに求められるのである。

ところで、すでに先学が指摘するごとく、法然においても、『三部経大意』（『昭和新修法然上人全集』三二）や『拾遺語燈録』（中）（『真聖全』四―七二二）で、第十七願について多少の論及がある。したがって、第十七願への着目が一概に聖覚の独創であるとは言えないかもしれない。しかし、『三部経大意』等では、単に光明・名号の因縁・利益を説くにとどまり、「乃至十念」まで論及していない。しかも、『選択集』では第十八王本願論が貫かれるだけで、第十七願については、なんら述べられていない。したがって、このことが、『唯信鈔』の特筆すべき本願論であり、後述する親鸞の二願領解に決定的な示唆を与えた事実を思うとき、極めて重要であった。

しかし、聖覚の十七願理解が画期的であったとはいえ、法然の目指した凡夫が救われる念仏信仰においては、まだまだ幾多の課題が残されていた。すなわち、従来、『観経』下々品の経説をもって、称名念仏の根拠としていたのに対し、直接『大経』の第十七願文にその根拠を探り当てたことは、まさに画期的なことといわねばならない。もとより、それまでのようにあくまで第十八願一願に立ってすべてを領解する限り、念仏不回向論を展開するにも、六字釈をもってしなければならなかったし、また、第十八願文の「十念」を「十声」と同じ意味に理解するにつけても、ことさら『観経』下々品の経説をもって、説明しなければならなかった。しかるに、聖覚においては、直接『大経』にその根拠を求め、本願そのものによってこれを証明したのである。しかし、聖覚が第十七願に着目し、十七・十八両願を同視し、称名念仏の根拠を第十七願「諸仏称揚」に見たといえども、なお「称揚」の解釈は完全ではなく、また、念即声の解決も法然と同じであるし、不回向論もいまだ十分な展開を見ず、親鸞聖人のように積極的な他力回向論を提示するにはいたっていない。もっとも第十七願への着目ということからすれば、その底意はあったと思われる。

一方、選択廃立の意はそのまま直接伝承され、いっそう鋭さを増している。すなわち、法然は専雑を念仏と諸行に配し、専修即正行、雑修即雑行としていることは周知のとおりである。つまり、

往生の行おほしといゑども、おほきにわかちて二としたまへり。一には専修、いはゆる念仏なり。二には雑修

なり、いはゆる一切のもろ〳〵の行なり。

（『西方指南抄』・『親鸞全』五―一二九）

さきの正行を修するおば、専修の行者といふ、のちの雑行を修するを雑修の行者と申也。

（『西方指南抄』・『親鸞全』五―一二四八）

正行を行するものをは、専修の行者といひ、雑行を行するをは、雑修の行者と申也。

（『浄土宗略抄』・『昭和新修法然上人全集』六〇一）

という法然の所説に対し、聖覚は、

この念仏往生の門につきて、専修・雑修の二行わかれたり。

（『唯信鈔』・『親鸞全』六写(2)―四八・『聖典』九一九）

と念仏行の中に、さらに専雑二修を分別しているのである。つまり、法然のいう専修行つまり、念仏行の中に、さらに専・雑を分別するのである。

専修といふは、極楽をねがふこゝろをおこし、本願をたのむ信をおこすより、たゞ念仏の一行をつとめて、まったく余行をまじえざるなり。他の経・呪おもたもたず、余の仏・菩薩おも念ぜず、たゞ弥陀の名号をとなえ、ひとえに弥陀一仏を念ずる、これを専修となづく。雑修といふは、念仏をむねとすといゑども、また余の行おもならべ、他の善おもかねたるなり。

（『唯信鈔』・『親鸞全』六写(2)―四八・『聖典』九一九）

ここでは、専修とは一心専念、専称弥陀、一仏名であり、それ以外のすべてを雑修としたのである。「余の行おもならべ、他の善おもかねたるなり」とは、助業と正定業、諸善万行と称名念仏などの兼行と解す。したがって、聖覚においては雑行はもちろん助正の兼行までも退けるのである。そのことは、雑行や助業を対象的に見て、相対的に比較して退けるのではなく、自身の信の純・不純、つまり、自身の救いにおいては「唯、念仏しか」という主体的立場での選択である。「信」を課題にすることによってそれが、より鋭い選択になっているのである。

思うに、法然においては第三・本願章において示されるがごとく、どこまでも第十八願、一願上の所論で勝劣難易の二義を根拠に念仏選択の如来の聖意が述べられていた。今、この聖覚の『唯信鈔』においては、第十八願の称名念仏の根拠を第十七願に求め、その上で念仏選択の聖意を領解している。それゆえ、称名念仏の根拠が、より明確になったということにおいて、確信をもって助正兼行までも退け、念仏一行を選び取ったものと思われる。聖覚においては、その確信に基づいて実践上の諸問題、すなわち、専修の徹底、三心の領解、臨終・尋常の念仏批判、一念・多念批判等、具体的な問題としてその所説が示されているのである。その確信こそ、聖覚をして念仏為本に師教の確かさを認めて純粋に念仏一行に帰依させたのであって、それはおのずと信への深まりの方向を示すこととなり、親鸞聖人の共感するところとなったのである。では、その信の深まりは親鸞においてはどう受けとめられ、どう展開されたのであろうか、次に述べてみたい。

第二節　二願分相

『唯信鈔』に示された第十七願意の開顕という事実に共感を覚えた親鸞は、恩師亡き後、その恩徳を偲びつつ、聖覚に全幅の信頼を寄せ、それを幾たびも書写し、解釈を加えられた。すなわち、その解釈こそ『唯信鈔文意』である。

特に題号に「唯信」と掲げ、全鈔にわたって念仏往生の信心を説いていることは、親鸞聖人の深く共感・共鳴するところであった。

序ともいうべき前文で、「唯信鈔」という言葉に、ことさら詳しく釈意を加えている。信心の深い洞察をその根本的な教義特色としている親鸞聖人にしてみれば、当然のことと言えよう。

「唯信鈔」といふは、唯はたゞこのことひとつといふ、ふたつならぶことをきらふことばなり、また唯はひとりといふこゝろなり。信はうたがひなきこゝろなり、すなわちこれ真実の信心なり、虚仮はなれたるこゝろなり、虚はむなしといふ、仮はかりなるといふことなり、虚は実ならぬをいふ、仮は真ならぬをいふなり、本願他力をたのみて自力をはなれたる、これを「唯信」といふ。鈔はすぐれたることをぬきいだしあつむることばなり。このゆへに「唯信鈔」といふなり。

（『唯信鈔文意』・『親鸞全』三和―一五五・『聖典』五四七）

続いて、親鸞聖人は、

唯信はこれこの他力の信心のほかに余のことならはずとなり、すなわち本弘誓願なるがゆへなればなり。（同）

と述べ、他力念仏の信心ただひとつを往生の業因とし、その根拠を本願の上に求めているのである。

それゆえ、「彼仏因中立弘誓」の釈下では、「如来の弘誓をおこしたまへるやうは、この『唯信鈔』にくわしくあらわれたり」（前掲）といい、また『尊号真像銘文』でも「この本願のやうは『唯信鈔』によく〳〵みえたり」（前掲）と述べ、親鸞聖人自身『唯信鈔』に対する視点を聖覚の本願論に定め、特にその領解を仰いでいるのである。

すなわち、聖覚が本願の証文として引いた法照の『五会法事讃』文の解釈に如実に示される。まず、親鸞聖人は「如来尊号甚分明、十方世界普流行、但有称名皆得往、観音勢至自来迎」の讃文について、その一々の文字の意味をていねいに解読しつつ、行間に滲む鈔意を自らの領解をもって汲み取った後、

おほよそ十方世界にあまねくひろまることは、法蔵菩薩の四十八大願の中に、第十七の願に十方旡量の諸仏にわがなをほめられむとなえられむとちかひたまへる、一乗大智海の誓願成就したまへるによりてなり。『阿弥陀経』の証誠護念のありさまにてあきらかなり。証誠護念の御こゝろは『大経』にもあらわれたり。また称名の本願は選択の正因たることこの悲願にあらわれたり。（『唯信鈔文意』・『親鸞全』三和―一六一・『聖典』五五〇）

と、特に第十八願の「乃至十念」の称名行たる所以を第十七願の上に確かめている。つまり、第十七願の上に、「わがなをほめられむとなえられむとちかひたまへる」の願意を汲み、そこに称揚、称名の意趣を認めることとなったのである。それはまた、「諸仏称名」の願名によっても示されるがごとくである。

つまり、第十七願文、

設《ヒ》我得《ンニ》レ仏《ヲ》、十方世界《ノ》無量《ノ》諸仏不《バ》三悉咨嗟《シテ》称《セ》二我《ガ》名《ヲ》一者、不レ取《ラ》二正覚《ヲ》一

（『真聖全』一―九・『聖典』一八）

より、「称我名者」に注意され、ここに「称揚」と「称名」の願名を見出したことにほかならない。これこそ、親鸞聖人が『唯信鈔』から学び取ったとみられる最も重要な教旨の一つであることは、上述に顧みて明らかなところである。すなわち、「諸仏称名之願」との領解は第十七・第十八、二願分開に基づく往相回向の大行、本願力回向（亦往相回向之願と名づくべし）の教義確立の根源をなすものである。

さらに、親鸞聖人においては、上掲の願文を「悉く我が名を称する者を咨嗟せずんば」という意にも解して、『大経』の「見敬得大慶則我善親友」の文にもこれを確かめている。

すなわち、『末燈鈔』四（『御消息集』〈善性本〉六）には、

もろ〳〵の如来とひとしといふは、信心をえてことによろこぶひとを、釈尊のみことには、「見敬得大慶則我善親友」とときたまへり。また弥陀の第十七の願には「十方世界无量諸仏不悉咨嗟称我名者不取正覚」とちかひたまへり。願成就の文には、よろづの仏にほめられよろこびたまふとみえたり

（『末燈鈔』・『親鸞全』三書―七一・『聖典』五九一）

と、述べられるごとく、明らかに第十七願そのものの上に称名、さらには「称名者」の願意が領解されたのである。つまり、第十七願に諸仏の能讃、称揚はもとより、所讃の称名までも誓われていると領解したのである。ほめられるところの名号は、念仏往生の願心をその内容とするところであって第十八願が、第十七願諸仏に誓われていると

ころの名号・願心の意となる。したがって、第十八願と第十七願は乃至十念の称名の本願、すなわち、念仏選択の願心という一点において、まったくその内容を同じくしているのである。

もとより、それは「『阿弥陀経』の証誠護念のありさまにてあきらかなり」と『阿弥陀経』の証誠護念の経説に証せられ、続いて、それが「『大経』にもあらわれたり」と『大経』そのものにも及んで証せられているのである。そして、その『大経』について「また称名の本願は選択の正因たることこの悲願にあらわれたり」と釈し、すでに「悲願」（第十七願）に称名を領解されていることを述べるのである。したがって、ここでは十念の称名が誓われている第十八願が、そのままですでに第十七願によって先顕されているということであり、ただ両願は、十方諸仏に誓うか、十方衆生に誓うかというだけで、内面的には「わがなをとなへられん」ということをもって、完全に同視されているのである。その意味で聖覚の第十七願領解が徹底されたといえる。よれによって、他力回向がいよいよ明確になってきたのである。

ところで、この二願一致については、『三経往生文類』にも示される。すなわち、そこでは、第十七、十八の二願を「称名の悲願」「信楽の悲願」といい、

この如来の往相回向につきて、真実の行業あり。すなわち、諸仏称名の悲願にあらわれたり。……
また真実信心あり、すなわち念仏往生の悲願にあらわれたり。……
この真実の称名と、真実の信楽をえたる人は、すなわち正定聚のくらゐに住せしめむとちかひたまへるなり。

（『親鸞全』三和─二一～二五・『聖典』四六八）

と、述べる。さらに、『御消息集』（善性本）には、

十七の願にわがなをとなえられむとちかひ給て、十八の願に、信心まことならば、もしむまれずば仏にならじとちかひ給へり。十七・十八の悲願みなまことならば、正定聚の願はせむなく候べきか、

（『親鸞全』三書―一六三・『聖典』五九三）

と、記される。これらの文は、二願の内面的一致からさらに展開され、往相における他力回向を説示しているのである。すなわち、真実の行業は正しく如来の悲願によって回向されてくるのであり、その正しき受行は、正定聚に住すると説かれるのである。結局、第十七願に称名の意義があることはもちろんであり、「諸仏称名」ということにおいて、他力回向が成就され、これによって我々の真実の救いが現生において確認されたのである。

ところで、『唯信鈔文意』の「称名の本願は選択の正因たることこの悲願にあらわれたり」という一文は、『教行信証』でいうならば、まさに、

然るに斯の行は大悲の願より出たり。

（「行巻」・『親鸞全』一―一七・『聖典』一五七）

と呼応するものである。この文は称名が本願力回向の行である所以を明かし、それが大行そのものであることを示している。親鸞聖人がこの願に「選択称名の願」という願名を付された意も、ここに頷けるのであり、それがまさに『唯信鈔』からの示唆であることを示しているのである。

かくて「乃至十念」は、第十八願において十方衆生に誓われたものであるが、その十方衆生の称名は、諸仏の称名となることにおいて、初めて十方世界に遍満するのである。つまり、第十七願の「諸仏称名」において、初めて第十八願が具現されるのである。ゆえに衆生における称名が、第十七願成就の行であることを顕すために「行巻」ではこの願をもって標挙とするのである。

結局、親鸞聖人においては、聖覚の第十七・十八、二願領解をさらに徹底し、二願分開から、両願の内面的一致を見、そして、他力回向論の確立という展開をみるのである。そこに、『唯信鈔』と『唯信鈔文意』の関係、さらに「行巻」の関係をみるのである。

ところで、『唯信鈔』においては、第十七願の証文に「但有称名皆得往　観音勢至自来迎」を引き、「行」のみならず、「証」の問題についても、両願が同視されている。『唯信鈔文意』においても、もちろん、この証文を第十七願意と見、その釈文中で、「自来迎」より、現生正定聚にいたる独自の証果論を展開している。そこでは、「若不生者」の意を第十七願意に見て、往生の証成を積極的に見ようとするのである。このことは、『愚禿鈔』においても説かれる。つまり、そこでは第十七願成就の諸仏証誠について、

証成二者は　一功徳証成　釈迦ニあり
　　　　　　二往生証成　諸仏ニあり

（『親鸞全』二漢—七・『聖典』四二六）

と述べ、往生を諸仏が証誠するというのである。このように往生もまた諸仏の証誠を得て全きを得るといえるのである。なお、『唯信鈔文意』においては、「自来迎」について独自の解釈があり、そのことが特に大きな意味を持つ

と考えるので、このことは次章で詳述したい。

続いて、「信」について、『唯信鈔文意』では、『唯信鈔』で第十七願意と見られる「聞名念我総迎来」を次のように釈す。

聞名念我といふは、聞はきくといふ、信心をあらわす御のりなり。名は御なとまふすなり、如来のちかひの名号なり。念我とまふすは、ちかひのみなを憶念せよとなり、諸仏称名の悲願にあらわせり。
（『親鸞全』三和―一六四・『聖典』五五一）

すなわち、信をあらわすところの「聞」を第十七願の「諸仏称名の悲願」の上に領解しているのである。しかのみならず、信心、名号、億念までも、第十七願上に領解しているのである。親鸞聖人においては、第十八願は、第十七願の諸仏の名号讃嘆を「聞き」信ずる衆生の立場を示すものとする。それは、念仏往生の願意を聞信することであり、そこには、

如来のちかひの名号なり
（『唯信鈔文意』・『親鸞全』三和―一六四・『聖典』五五一）

如来のちかひの名号をとなえむことをすゝめたまふ
（『尊号真像銘文』・『親鸞全』三和―四二・『聖典』五一二）

といわれるごとく、選択本願の名号を称すれば、必ず救うという如来の願心がこもっているのである。衆生はこの願心を聞くところに信心を獲る。ゆえに、第十七願、第十八願は行信に配当されつつも、第十七願の「称我名」は、

第十八願の「乃至十念」と同視され、第十七願は行成就の願と見られるのである。したがって、その行にはすでに願心がこめられており、いわゆる、信具の行が第十七願に誓われたと考えなければならない。ゆえに、今「聞名念我」がすでに「諸仏称名の悲願にあらわせり」といわれたことが領けるのである。このように、行・信・証、おのおのにおいて第十七願と第十八願は内面的に一致し、第十七願の意義がすこぶる重要なものとなった。すなわち、諸仏の咨嗟称揚ということによって、念仏往生そのものの真実性が立証されたのである。

このような二願同視の上にたって初めて、真実の行業、すなわち称名行が第十七願の回向成就であることが、明かされるのである。ゆえに、この願は「往相回向之願」（「行巻」）あるいは、「往相正業之願」（『浄土文類聚鈔』）と名づけられたのである。それはまさに称名行が往相回向の内容であり、その本質が、「選択回向之直心」「選択回向之信心」であることを知らせんがためである。

このようにして、親鸞によって、

夫れ以みれば信楽を獲得することは、如来選択の願心より発起す。

（「信巻」・『親鸞全』一―九五・『聖典』二一〇）

と選択の願心が指摘され、不回向の行に対し、信の選択回向が説示され、信楽は「選択回向之直心」とされたのである。もって諸仏の名号讃嘆を聞信する機の立場がいよいよ明瞭となり、他力回向の立場から「涅槃の真因は唯信心を以ってす」（「信巻」）と領解でき、唯信義が完結し、「正信」「大信」と名づけられたのである。

このような展開は、根本的には、第十八王本願論から、第十七・第十八、二願分相論への展開ということである。

そのことによって、これまで、『観経』下々品に求めていた「称名」の根拠が、歴然と『大経』の願文そのものの上に見出され、また、諸仏称名、衆生聞名ということによって、念仏は不回向の行となり、さらにそれが如来回向の大行であるということが解明されたのである。そこでは、諸仏の称名ということによって諸仏に対しても新たな意義が見出された。次にそのことを考察してみたい。

第三節　諸　仏

さて、親鸞聖人は、諸仏の証誠の中に大行の根源を見、『唯信鈔文意』に「十方無量の諸仏にわがなをほめられむとなえられむとちかひたまへる」と領解された第十七願の諸仏とは、何を指し、それがいかなる意味を持つのであろうか。

親鸞聖人は諸仏をおよそ次の三つの立場において見られている。

(一)まず、「諸仏弥陀」「諸仏如来」といわれるごとく、諸仏と弥陀あるいは如来との関係において見られる立場である。すなわち、諸仏は阿弥陀であり、同時に一々の諸仏は弥陀の分身であるという立場である。

たとえば、『浄土和讃』には、文明本によれば、

弥陀の大悲ふかければ　仏智の不思議をあらわして　(『親鸞全』二讃─三八・『聖典』四八四)

とある。これに対し専修寺国宝本によれば、

諸仏の大悲ふかければ 仏智の不思議をあらわして (同)

とあり、しかも、わさわざ「諸仏」に、

みたをしょふちとまうす くわとにんたうのこゝろなり (同)

と左訓が付してある。すなわち、『大経』異訳の『仏説諸仏阿弥陀三耶三仏薩楼仏檀過度人道経』の心から諸仏即阿弥陀と見られたのである。

また、『教行信証』では、本経は四度引用され、そのうち三箇所に経名が記されている。その中で「信巻」では「大阿弥陀経」という名が用いられている。『選択集』をはじめ、法然の著述には主にこの呼び方が用いられていることからすれば、少なくとも吉水門下ではこの名が一般的であったように思われる。にもかかわらず、「行巻」「真仏土巻」、さらに『愚禿鈔』ではいずれもことさら、この長い『仏説諸仏阿弥陀三耶三仏薩楼仏檀過度人道経』という具名が用いられている。しかも、「行巻」では上欄外に、

大阿弥陀経云 廿四願経と云 (『親鸞全』一―一九)

と、註記している。また、「行巻」においては、第十七願を異訳で確認するのに本経を引き、また、「真仏土巻」においては、「真仏」の意義を明かすのに本経を引く。いずれも、弥陀と諸仏の本質が問題となるところで、

諸仏の中之王也、光明の中之極尊也

（『親鸞全』一―二三一・『聖典』三〇二）

と記され、「みたをしょふちとまうす」という本経の心によってそれを確認しているのである。さらに、

无碍光仏のひかりには　无数の阿弥陀ましまして　化仏おのおの无数の　光明无量无辺なり

（『現世利益和讃』・『親鸞全』二讃―六五・『聖典』四八八）

と示されるごとく、諸仏とは弥陀からの智慧の来生である。『讃阿弥陀仏偈和讃』第九首の「智慧光仏」の左訓には、

いちさいしょふちの仏になりたまふことはこのあみたのちゑにてなりたまふなり

（『親鸞全』二讃―一二）

と示される。諸仏の無上の智慧は、阿弥陀、つまり、如来の智慧である。したがって、無量無数の諸仏は、無量無数の弥陀の智慧である。ゆえに、諸仏は阿弥陀であり、同時に一々の諸仏は、弥陀の分身である。弥陀はいわゆる諸仏の本師本仏である。『阿弥陀経』によれば、六方に恒河沙の諸仏がまします。しかし、その徳はいずれも阿弥

陀の徳、阿弥陀の智慧である。すなわち、諸仏は阿弥陀に統合され、弥陀は諸仏の智慧をあつめた形と領解されている。それゆえ、『唯信鈔文意』の「十方世界普流行」の釈下で、

普はあまねくひろくきわなしといふ。流行は十方微塵世界にあまねくひろまりてすゝめ行ぜしめたまふなり、しかれば大小の聖人・善悪の凡夫みなともに自力の智慧をもては大涅槃にいたることなければ、无碍光仏の御かたちは智慧のひかりにてましますゆへに、この仏の智願海にすゝめいれたまふなり、一切諸仏の智慧をあつめたまへる御かたちなり。光明は智慧なりとしるべしとなり。

（『親鸞全』三和―一五七・『聖典』五四八）

と、阿弥陀の智慧が諸仏として普く流行すると受けとめられているのである。

（二）次に、諸仏の代表が釈迦で、諸仏は釈迦に即するものと見られる場合である。その例として、

釈迦諸仏は是れ真実　慈悲の父母なり。

（『入出二門偈頌』・『親鸞全』二漢―一二四・『聖典』四六六）

弟子は釈迦諸仏之弟子なり。

（「信巻」・『親鸞全』一―一四四・『聖典』二四五）

などが挙げられる。また、『大経』出世本懐の「如来」を釈すにあたり、

如来所以興於《（マヽ）》出世は、如来とまふすは諸仏とまふす也。（略）釈迦如来のみことをふかく信受すべしと也。

（『尊号真像銘文』・『親鸞全』三和―一一七・『聖典』五三二）

と、示される。すなわち、これは釈迦を如来と表現し、釈迦が諸仏であり、釈迦が諸仏を代表するという理解である。『阿弥陀経』における六方証誠の経説は、諸仏の讃嘆がその主である。また、『大経』の「仏々相念」も釈迦と諸仏相互におけるものである。諸仏の称揚讃嘆によって衆生が信心を護るとするならば、諸仏は衆生の教化者という立場にあることになる。衆生は「釈迦諸仏」によって教化されるのである。

（三）最後に諸仏とは、まことの信心の人であり、我々をして弥陀を念ぜしめる存在、つまり、「よきひと」「善知識」としてみられる場合である。これこそ、親鸞聖人における特筆すべき諸仏の理解である。『真蹟書簡』、および『末燈鈔』七には、

このこゝろのさだまるを、十方諸仏のよろこびて、諸仏の御こゝろにひとしとほめたまふなり。このゆへに、まことの信心の人をば、諸仏とひとしと申なり。

（「浄信御房宛御返事」・『親鸞全』三書―二四、七八・『聖典』五八八）

と示されるごとく、まことの信心の人は諸仏と等しいという領解である。そのほか同じく『末燈鈔』十八には、

『大経』には、釈尊のみことばに「見敬得大慶則我善親友」とよろこばせたまひさふらへば、信心をえたるひ

とは諸仏とひとしとゝかれてさふらふめり。

（『親鸞全』三書—一〇四・『聖典』六〇八）

と示され、御消息の中では再三にわたり言及されるところである（『末燈鈔』三、四、十四、十五、『御消息集』十）。親鸞聖人の場合、「同」と「等」では、厳密にその意が異なるものとされ、それゆえに、直ちに、まことの信心を獲る人がそのまま諸仏であるとは言えないものがある。しかし、これらによれば、弥陀をほめ称える諸仏の中には、獲信の人も含めていると見られるのであって、「諸仏とひとし」とは、獲信の衆生を〈諸仏に準ずる〉〈諸仏に含める〉の意味と理解される。

ゆえに、「行巻」に引用される七祖と中国十師がおのおの諸仏の具体相として見られるのである。前仏によって先立って度せられたところの無量の衆生こそ諸仏にほかならず、しかも、その十方無量の諸仏の存在意義は、十方衆生を度したまうことにあるとされるのである。『教行信証』の後序の『安楽集』による、

前に生まれむ者は後を導き、後に生まれむ者は前を訪らへ、連続无窮にして、願はくは休止せざら使めむと欲す。

（「化巻」・『親鸞全』一—三八三・『聖典』四〇一）

とは、かくして頷かれるのである。

諸仏は十方衆生の宗教的欲求に応じて十方に具現され、それは、十方衆生をして、弥陀を念ぜしめる存在である。それこそ、我々にとっては「よきひと」であり、「善知識」として、我々を導く存在である。

以上、親鸞聖人における諸仏に対する三つの概念を見た。親鸞教学においては、第十七願諸仏称名の願は、上述の三つの面においてより具体性を持ったのである。

ところで、この第十七願において、諸仏の称揚・護念の利益があることは、上述を顧みて明らかなところであるが、これについて親鸞聖人は、さらに「信巻」で現生十種の益を挙げる中、第四と第五に諸仏護念、諸仏称讃の両益を挙げる。これは言うまでもなく、諸仏が念仏の行者を護念、称讃するということであるが、ここにも諸仏の重要な意義が具体化されている。しかも、これが現生の利益である以上、それが具体的に現実生活に顕れるか、否かということは、その意義の本質を問うたときたいへん重要な問題となる。

思うに、真仏弟子釈下における触光柔軟の願の願文以下の経釈の引用は、この十種の益を具体的に説明したものである。そのおのおのは信における護持と具徳を明かしながら、歓喜報謝の実践を展開しているものである。親鸞聖人においては、現生十種の益を獲るところの「獲得金剛真心者」と「真仏弟子」は互いに重なり合うものとして領解されている。しかも、上に述べたところの、獲信の人が諸仏に等しいという意からすれば、この十種の益には、現実面に顕れたいっそう積極的な実践性がうかがわれるのである。

このように考えると、諸仏の護念、称讃というのは、現実生活において信心の行者が諸仏如来の徳を持ち、諸仏如来と等しい位に住すること、そのことに目覚めさせるという極めて積極的な意義を有することとなるのである。信心の行者においては、如来の徳を廻施されることによって臨終の一念の夕べ、大般涅槃を超証するべき身として、諸仏に等しい位に住したという厳しい自覚が促されたことになるのである。無数の化仏、無数の諸仏に、〈諸仏に等しい位〉に住したという自覚を促されることにおいて、行者の真実信心は退転することなく、金剛の信となるのである。

南無阿弥陀仏をとなふれば　十方无量の諸仏は　百重千重囲繞して　よろこびまもりたまふなり。
（『現世利益和讃』・『親鸞全』二讃―六六・『聖典』四八八）

と示されるごとく、念仏を称えるとき、我々は、「よろこびまもられる」ということにおいて、自身に実感されるものとして、諸仏のはたらきを感得するのである。

十方にこだまする称名念仏は諸仏の声であり、それは仏の大悲心が我々にまで来る唯一の通路である。諸仏の「十方世界普流行」によって阿弥陀の徳が知らされるのである。まさに還相の世界における諸仏の相である。諸仏が衆生を教化し、信心の行人を囲繞することは、すなわち、諸仏が阿弥陀の本願を互いに証誠する世界である。往相の行信は、そこに諸仏に証誠護念される利益のよろこびを感得するのであり、そこに他力回向の世界を実感として領受するのである。凡夫においては他力の信、それを信ずる諸仏があってこそ、初めて信じられるのである。そして、この如来が一切群生海に遍満することこそ信心仏性である。そのことについては後に詳述することとする。

ともかく、聖覚、親鸞の二願開示に示された唯信義は称名の聞思に始まり、本願の三信に帰結して成就するものである。「選択」から「唯信」への思想的展開は、選択の願心を見落として起きたさまざまな問題に答えるところから始まり、第十七・第十八、二願開示を根拠として、「諸仏」に新たな意味を見出す大悲回向の世界へと展開したのである。ゆえに「唯信はこれこの他力の信心のほかに余のことならはずとなり」（『親鸞全』三和―一五五・『聖典』五四七）と、このこと一つと強調される「唯信」はそのまま、「他力の三信心をえたらむひとは、ゆめ〳〵余の善根をそしり、余の仏聖をいやしうすることなかれとなり」（『親鸞全』三和―一七六・『聖典』五五六）との内実を持つこととなったのである。

第三章　来迎から摂取へ

第一節　臨終来迎

「唯信」の意義が大慈大悲にあることは上述のことからすれば当然と言わねばならない。それゆえ、『唯信鈔文意』においては、特筆すべき「来迎論」が説かれている。『五会法事讃』の「観音勢至自来迎」の釈下に加え、「聞名念我総迎来」の釈下でも重ねてそのことが、説かれている。しかも、それは従来の来迎理解とまったく逆の立場である。言葉こそ同じであるが、意味は他力摂取の意味で解釈している。その臨終来迎の「来迎」から他力摂取不捨の「自来迎」の意への領解のあとを法然、聖覚の上からたどってみたい。

さて、念仏による来迎とはいかなることをさしていうのであろうか。『大経』には、

仏阿難に告げたまはく、十方世界の諸天人民、其れ心を至して彼の国に生まれんと願ずること有らん。凡そ三輩有り。其れ上輩といふは、家を捨て欲を棄て、沙門と作り、菩提心を発し、一向に専ら無量寿仏を念じ、諸の功徳を修して、彼の国に生まれんと願ぜん。これ等の衆生、寿の終わらんときに臨みて、無量寿仏諸の大衆と其の人の前に現ぜん。即ち、彼の仏に随ひて其の国に往生せん。即ち、七宝華の中に於いて自然に化生し、

不退転に住せん。智慧勇猛にして神通自在ならん。この故に阿難、其れ衆生有りて、今世に於いて、無量寿仏を見たてまつらんと欲はゞ、応に無上菩提之心を発して、功徳を修行し、彼の国に生まれんと願ずべし。仏阿難に語りたまはく、其れ中輩といふは…

（「三輩段」・『真聖全』一―二四・『聖典』四四）

と、説かれ、以下中輩、下輩についても同様に説かれる。

一方、『大経』三輩段を開いたところの『観経』「九品段」には、明確かつ具体的に、臨命終時の無量寿仏と諸の化仏の来迎を説く。

仏阿難及び韋提希に告げたまはく。上品上生とは、もし、衆生有りて、彼の国に生まれんと願ぜん者は、三種の心を発して、すなわち往生す。何等をか三と為す。一つには至誠心、二つには深心、三つには回向発願心なり。三心を具する者は必ず彼の国に生ず。また三種の衆生あり、当に往生を得べし。何等をか三と為す。一つには慈心にして殺さず、諸の戒行を具す。二つには大乗方等経典を読誦す。三つには六念を修行し、回向発願して彼の国に生まれんと願ず。此の功徳を具することの、一日乃至七日にして、即ち往生を得。彼の国に生ずるとき、此の人精進勇猛なるが故に、阿弥陀如来、観世音・大勢至、無数の化仏、百千の比丘、声聞大衆、無数の諸天、七宝の宮殿とともにし観世音菩薩、金剛台を執りて、大勢至菩薩とともに行者の前に至る。阿弥陀仏大光明を放ちて、行者の身を照らし、諸々の菩薩とともに、手を授けて迎接したまふ。観世音・大勢至、無数の菩薩とともに、行者を讃歎し、其の心を勧進す。行者見已りて、歓喜踊躍す。自ら其の身を見れば、金剛台に乗ぜり。仏の後に随従して、弾指の頃の如くに彼の国に往生す。

（『真聖全』一―六〇・『聖典』一一二）

つまり、上品上生においては三心を具足して慈心にして殺さず。もろもろの戒行を具足し、大乗方等経典を読誦し、六念を修行する。そして、回向発願して彼の国に生ぜんと願ず。これだけの功徳を一日乃至七日にして、往生を得るときに、阿弥陀仏と観世音・大勢至、無数の化仏等が行者の前に現れるというのである。次下、上品中生から下品下生においても同様である。下品下生でさえも菩提心が説かれるのである。

つまり、ここでは阿弥陀仏が西方極楽浄土の遠い彼方にいる救済者として見られ、それがある決定的な時点、つまり、三心を発し、三福などの行業を積んで極楽国に生まれんことを願求して命終わらんとする時、念仏行者の方に顕れ、近づいてきて救済する仏と見られている。したがって、来迎、とは、本来、念仏者と断絶していた阿弥陀が、念仏者の善根功徳によって、臨終に聖衆を伴って極楽国より迎えに来て救済するというものである。

その救いの論理は、そのまま浄土教信仰として中国においては、隋末唐初の時代に、天台大師智顗、浄影寺慧遠、さらには善導らによって広められた。

一方、日本においては、平安時代、源信の『往生要集』によって広められ、厭欣思想として、後世の浄土教者たちに対して大きな影響を与えた。

すなわち、『往生要集』には、往生極楽の十楽を挙げ、第一に聖衆来迎楽について次のように記す。

> 第一に聖衆来迎の楽とは、およそ悪業の人命尽くる時は、風・火先ず去るがゆえに動熱して苦多し。善行の人の命尽くる時は、地・水先ず去るがゆえに緩慢にして苦なし。何に況や念仏の功積もり、運心年深き者は、命終の時に臨みて、大いなる喜自ずから生ず。然る所以は、弥陀如来、本願を以っての故に、諸の菩薩、百千の比丘衆とともに、大光明を放ちて、皓然として目の前に在り。時に大悲の観世音は、百福荘厳の手を申べ、宝

蓮台を擎げて、行者の前に至りたまひ、大勢至菩薩は、無量の聖衆とともに、同時に讃嘆し、手を授けて引接したまふ。是の時に行者、目のあたり自らこれを見て、心中に歓喜し、身心安楽なること禅定に入るがごとし。当に知るべし、草庵に目を瞑ずるの間、便ちこれ蓮台に跏を結ぶの程、即ち弥陀仏の後に従ひ、菩薩衆の中にありて、一念の頃に、西方の極楽世界に生ずることを得ん。

（『真聖全』一―七五七）

ここに説かれる美しき世界は、乱世に疲弊する人々の希求するところとなり、たちまち広がった。すなわち、ここでは、臨終の際に阿弥陀仏が観音・勢至を始めとし、二十五菩薩あるいは無数の聖衆とともに現れ来たって、西方極楽世界に迎えとられて行くということを念仏の功徳として説く。そして、それが唯一、阿弥陀の救いの証であるとさえ説かれるのである。

しかも、その臨終来迎にあずかるために、死の瞬間が尊ばれ、来迎を願うための臨終行儀という儀式まで生み出された。

『往生要集』に説かれる臨終行儀とは、基本的には、善導の『観念法門』に基づくものであった。その中末には次のように説かれる。

第二に臨終の行儀とは、先ず行事を明かし、次に勧念を明かす。初めに行事とは、『四分律抄』（巻下四）瞻病送終の篇に『中国本伝』を引きて云く。「祇園の西北の角、日光の没する処に无常院を為れり。もし病者有らば、安置して中に在く。凡そ貪染を生ずるものは、本房の内の衣盋衆具を見て、多く恋著を生じ、心厭背无きを以っての故に、制して別処に至らしむるなり。堂を无常と号く。来る者は極めて多く、還反《かえ》る者は一二なり。

事につきて而も求め、専心に法を念ず。其の堂の中に一つの立像を置けり。金薄（マヽ）もて之に塗り、面を西方に向けたり。その像の右の手は挙げ、左の手の中には一の五綵の幡の脚を垂れて地に曳けるを繋ぐ。当に病者を安んぜんとして、像の後に在き、左の手に幡の脚を執り、仏に従ひて仏の浄刹に往くの意を作さしむ。瞻病の者は香を焼き花を散して病者を荘厳す。乃至もし屎尿・吐唾有らば、有るに随ひて之を除く」と。（略）導和尚（『観念法門』）云く。「行者等、若しは病み病まざらんも、命終らんと欲する時は、一ら上の念仏三昧の法に依りて、正しく身心に当てて、面を廻らして西に向け、心もまた専注して阿弥陀仏を観想し、心口相応して声声絶ゆることなく、決定して往生の想、花台の聖衆来りて迎接するの想を作せ。病人、もし前境を見ば、則ち看病の人に向ひて説け。既に説くを聞き已らば則ち説に依て録記せよ。また病人、もし語ること能はざれば、看病の者必ず須く数数病人に問ふべし。何なる境界をか見たると。もし罪相を説かば、傍の人即ち為に念仏して、助けて同じく懺悔して、必ず罪をして滅せしめよ。もし罪を滅することを得、華台の聖衆念に応じて現前すれば、前に准じて抄記せよ。また行者等の眷属・六親、もし来りて看病せば、酒・肉・五辛を食せる人を有らしむることなかれ。もし有らば必ず病人の辺に向かふことを得ざれ。即ち正念を失ひ、鬼神交乱し、病人狂死して三悪道に堕せん。願はくは行者等、好く自ら謹慎して仏教を奉持し、同じく見仏の因縁を作せ」と。已上往生の想・迎接の想を作すこと、その理然るべし。

（『真聖全』一―八五四）

ここには、『四分律抄』『観念法門』『智度論』『安楽集』などを引いて、逝く人に対する細かな作法次第が述べられている。特に無常院という施設を作り、そこでの西方願生を祈るための荘厳などが説かれている。無常院とは文字どおり、死に臨む人に対する終末看護の施設であり、行儀とはその行為もしくは作法である。『関中創設戒壇図経』（『大正大蔵経』四五―八一二）によれば、もともとそれは、釈尊在世時から祇園精舎の中にあったと記され、日本でも大寺院の中にはその施設があった。

ところで、この一段は、当時、特に尊ばれ『臨終行儀』という書題で別出され、しかも、原本が漢文であるのに対し、和語になおされている。このことは、この部分が広く流布し、臨終行儀が盛んになされたことを物語る。内容的には、まず、盛者必滅の理を説き、病になってから臨終の際に至る用心を述べる。それは、

まず家の中のことをしらふるに、悪縁をは退けよ。次に往生の心をすすめて、念仏をとなへしむべし。
（『恵心僧都全集』一―五九〇）

と述べ、次に五箇条を記す。

第一に病人を別所に施し、阿弥陀像を掲げ、病床を清浄にする。第二に五辛肉食を近づけない。第三に、病の者に起きる善悪のことは、善知識に語りて心を清くする。第四に助からんことをみだりに願うことを禁じ、第五に病室には三人以上あるを禁じている。その一人は念仏を勧め、一人は病人の心に随い、一人は雑事を処理するとあり、かなり具体的である。さらにその中で、

金色の阿弥陀の像に向て、仏を東に向けて光《マヽ》の手に五色の幡を懸くべし。病者をして、その幡をとらへしめて、北枕に西向ふにして、仏の来迎したまふ思なるべし。常より香をたき、花を散して、病の床を飾るべし。
（『恵心僧都全集』一―五九〇）

と記す。そして、最後に往生を勧めるに、また、五箇条を挙げ、臨終の念仏、如来の慈悲の広大、来迎引接したまうことなどを述べる。これらは、ほとんど『往生要集』の臨終行儀をやさしく解説したものと見ることができる。

ところで、このような臨終行儀は当時、寺院や公家の間では実際になされていた。中国においても、福田思想を背景に福田院、悲田院、養病（坊）院、無常院などがあったことが知られている。日本においても、平安時代より、延暦寺や高野山などを始め、大寺院には、必ず無常院、涅槃堂、往生院、看病堂などの堂院が存在していた。特に、宇治の平等院やその昔、善峰寺北尾往生院と呼ばれた三鈷寺などがその代表的なものであったことはよく知られている。このような、僧坊で臨終の勧念や行儀がなされていたのである。

その実際について、たとえば、『日本往生極楽記』には、「延暦寺座主僧正延昌」のところで、次のように記されている。

> 天徳三年十二月廿四日。門の弟子に命じて三七日間。不断念仏を修めしめる。明年正月十五日入滅。此日、僧正沐浴し、衣を浄む。本尊の像に向いて願じて曰く。西山日暮れ、南浮の露消える。三夕を過ぎず。必ず相迎すべし。言訖、右脇にして臥す。枕前に阿弥陀尊勝両像を安じ奉る。糸を以って仏手に繫ぎ、我手に結著す。其の遷化之期、果前に言うが如し。
>
> （『大日本仏教全書』一〇七―九）

本尊とは、もちろん来迎仏である。上に述べた行儀に従い、固くその作法が守られている。いわゆる糸引き往生である。このような往生は、種々の往生伝の中に数多く記され、枚挙にいとまがない。高僧の臨終についてはほとんどにこのような記述がある。『続本朝往生伝』に記される源信の往生についてもその様子が詳しく記されている

（『大日本仏教全書』一〇七—八七）。なぜなら、往生伝とはもともと正念・来迎を祈り、往生の証を得た者のみが記されているからである。

また、『栄華物語』には、道長の法成寺建立や彼自身の往生の所に同様のことが詳しく記されている。

すなわち、巻第十八には、

又蓮の糸を村濃の組にして、九体の御手より通して、中台の御手に綴めて、この念誦の処に、東ざまに、引かせ給へり。常にこの糸に御心をかけさせ給て、御念仏の心ざし絶へさせ給べきにあらず。御臨終の時この糸をひかへさせ給て、極楽に往生せさせ給べきと見えたり。九体はこれ九品往生にあて、造らせ給へるなるべし。

（『日本古典文学大系』七六—八七）

と述べられ、また、道長の往生を記す巻第三十には、

この御堂は三時の念仏常の事なり。この頃は、さるべき僧綱・凡僧どもかはりてやがて不断の御念仏なり。（略）すべて、臨終念仏おぼし続けさせ給。仏の相好にあらずより外の色を見むとおぼしめさず、仏法の声にあらずより外の余の声を聞かんとおぼしめさず。後生の事より外の事をおぼしめさず。御目には弥陀如来の相好を見奉らせ給、御耳にはかう尊き念仏をきこしめし、御心には極楽をおぼしめしやりて、御手には弥陀如来の御手の糸をひかへさせ給て、北枕に西向に臥させ給へり。よろづにこの僧ども見奉るに、猶権者におはしましけりと見えさせ給。

（『日本古典文学大系』七六—三二六）

と記す。はやり病で、次々に身内の者が死んで逝き、死に直面していた当時の人々は、ただひたすら死後の極楽浄土を願い、何よりも安楽な死に方を望んでいたのである。

臨終の一念が、正念の中で終わるか、正念を失して狂乱するか、それで、極楽へ生まれるか、地獄へ行くのかが決定されるのである。まさしく、臨終の一念が「百年の業に勝る」（『往生要集』巻中・『真聖全』一―八五六）と考えられたのである。

当時はこのような来迎思想の普及で、民衆の間でも二十五菩薩に因み、二十五三昧会、いわゆる、迎講《むかえ》、無常講と呼ばれるものを組織したりした。逝く人のために、二十五人の単位で講を作り、来迎を祈り念仏三昧を行うものである。この習俗は今も日本の各地に残っている。

源信の立場では、阿弥陀如来に心を専注し、観察し、その阿弥陀如来に引接されて浄土に往生していく心的体験を有するまで、その観察を徹底する。その体験がちょうど生死の境である臨終の一念に成り立つようにするのが、臨終正念であり、その環境作りが行儀である。それを容易にするために、平生から繰り返し行う。それが不断念仏である。そして、臨終のときにその側にいて場を整え、その心的体験を聞き取り、導く役が、導師であり、善知識である。文字どおり「引導」役である。往生伝とは、まさにその浄土からの仏の来迎を臨終に心理的に体験した者が記されているのである。日本の念仏信仰は、以後このことに強く方向づけられ、極楽行きの祈りの念仏とされてしまったのである。それを拭い去ることは容易ではなかった。

このように、『往生要集』においてもまた、臨終の際に阿弥陀仏が、観音・勢至を始めとして二十五菩薩あるいは、無量の菩薩とともに現れ来たって、西方極楽世界に迎えとっていくということを念仏の功徳として説く。そして、それが唯一の阿弥陀の救いの証であるとさえ説かれるのである。つまり、滅罪や死後の浄土往生を祈り、あるいは臨終に来迎にあずかりたいという自我的欲望を持ったまま生死を実体視し、いのちを所有化したまま、そこからの苦の解放を願っているのである。

本来、その執着を離れ、生死のとらわれを離れたところに無生無滅の生、生死即涅槃という世界があるのである。逝く人を特別な場所へ移し、荘厳し、その尊厳を守ることは大切なことではあるが、死の瞬間にこだわり続ける限り、生と死が分断し、生死を対象化することとなる。それゆえ、結局は厭世的、アキラメ的な消極的な死の受容としての救済にしかならないのである。勢いそれは、死後の世界を連想させ、呪術的信仰を形づくっていくこととなるのである。苦しみのこの世を諦め、ただ来世を祈り、いわば念仏信仰自体を呪術化し、また、手段化していくこととなるのである。念仏信仰といえども、それを滅罪や福徳を祈る手段とする限り、永遠に生死の苦は超えていけないのである。

死の瞬間の正念や、死後の極楽を祈るという立場はどこまでも、「死」にとらわれた立場である。死にとらわれる限り死苦の真の解決にはなりえない。死後の世界を幻想として描き、そのことによって現実の死苦を紛らわしているだけである。そこには、満足した生の終焉感情は湧いてこない。臨終来迎は生死の苦を超える完全な道とは未だ成りえなかったのである。そのことは、その立場がその後、民衆の救いとならず、厭世的信仰にとどまったということが何よりも物語っている。

第二節　法然の立場

来迎が当時の人々にいかに尊ばれたかは、数多くの粉飾によって綴られた種々の往生伝をみれば、一目瞭然である。そして、それがさまざまな芸術を生み、あるいは民間信仰とあいまって独自の信仰形態となっていったのである。しかし、果たして念仏の救いが苦悩の人間に対し、かくのごとき消極的、不安定な証しか持ちえないのであろうか。

（一） 念仏往生の証とは、常に臨命終時に限り、住正定聚もまた彼土の得益に限定できるものであるのか。
（二） 臨終来迎が、往生のための必要十分な条件なのかどうか。そして、凡夫において臨終に正念を得るような死が迎えられるのかどうか。
（三） 臨命終時に来迎を見るほどの善根を積む力があるのは一部の勝れた人々に限られるのではないか。その力のない凡夫は永遠に苦界に沈淪し、救済されないのか。

このような課題が次々と生じてくる。衆苦にあえぐ凡夫にとっては、臨終の正念を祈り、来迎をたのむという救済の論理は、ここに崩れざるをえない。もし、あえてこれを成立せしめんとするならば、智慧ある聖の道として、つまり聖道門的範疇においてのみである。

この問題について法然は凡夫救済という立場で一つの方向を示した。

第一に、法然自身「一文不知の愚鈍の身になして」（「一枚起請文」・『昭和新修法然上人全集』四一五）とか「凡夫の報土にむまるゝことをしめさんがため」（『法然上人行状画図』・『法然上人伝全集』二七）の念仏を立てたのである。つまり、それは法然を含めた愚痴・無知の者の往生の行としての念仏であったのである。したがって、賢き聖者、あるいは実践的修道の能力を持った者に対する念仏ではないということである。しかもまた、それは人間の功利的、打算的な心からくるところの厳しい実践的修道に代わる安易な便宜的手段としての念仏でも決してなかった。

第二に、自力の菩提心を否定し、

縦令ひ別に回向を用ひざれども、自然に往生の業となる。

（「二行章」・『真聖全』一―九三七）

といわれるように不回向の念仏である。人間の単なる功利的、打算的欲求から自身の空過な力を信じ、日夜急走急作して、涅槃に向かわんとする雑毒虚仮の行としての念仏、つまり、自修的善行ではないということである。法然が「往生之業念仏為本」というとき、そこには常に「彼の仏願に順ずる」行、つまり、仏の本願の選択であり、本願によって決定されるものである。したがって、それは決して道徳的三業の善、つまり不善の三業としての念仏ではない。だから、新たに浄土宗を立宗しなければならなかったのである。

さて、今、法然の念仏が如来選択によって、愚痴・無知の凡夫往生を果たすもので衆生不回向の行であるとするならば、厳しい観仏の能力を必要とし、また三福・九品などの行修を必要とする聖衆来迎を説くことはそのことに矛盾しないであろうか。法然自身、凡夫の自覚のもとに「愚痴の法然房」「十悪の法然房」といい、無力なるがゆえに不回向の行としての念仏を立てざるをえなかったのである。ところが、聖衆来迎を見仏するには、観仏の勝れた能力、もしくはそれができないまでも、堅固な菩提心と一者慈心不殺、具諸戒行、二者読誦大乗、方等経典、三者修行六念云々という三福、あるいは九品、三心の行業実践が必須要件とされるのである。

ところで、法然の主著『選択集』には第四三輩章、第七摂取章、第十化讃章にそれぞれ念仏の来迎往生を説く経釈の文を引用する。しかも、法然門下の鎮西流の弁阿は『浄土宗要集』五などに、第十九願来迎の願を建て、来迎往生を積極的に説く。しかし、法然自身は、来迎についての経釈こそ引用すれども、自己の領解を述べる私釈では念仏来迎については一言も触れていない。むしろ、それまでの浄土教が、臨終来迎のみを強く主張してきたことからして、当然、法然自身、それについて何らかの立場が述べられてしかるべきである。にもかかわらず、一言もそれについての私釈がない。

それは、すでに藤原幸章氏が、

もしも臨終来迎と言う事が、念仏往生のための決定的な条件であるとせられていたとしたならば、いかに引用の経釈文の権威にゆだねたからといっても、各章の私釈において法然自身の何らかの発言がなければならない筈である。特に三輩章や化讃章のごときは引用文の内容から推しても、念仏来迎に関して法然自らの発言がなされるならば、より一層効果的であるとさえ考えられる。にもかかわらずそれがまったくなされていないということは、選択本願の念仏にはあえて来迎を要せずとの法然自身の確信を有力に物語るものといっていいであろう。(1)

と言うごとく、法然における選択本願念仏にはあえて、来迎を必要とせず、それが念仏往生の不可欠の条件とはされなかったと考えるのが妥当である。

されば、逆に『選択集』に明らかに念仏の来迎往生を説く経釈が引用されていることは、いかに領解すればよいであろうか。

そこで、今その引用箇所のうち明らかに証果を論ずる第七章が「来迎章」でなく、「摂取章」と名づけられてい

ることに注目したい。すなわち、第七章には、

弥陀の光明、余行の者を照らさずして、ただ念仏の行者を摂取したまふの文　（『真聖全』一―九五五）

と標題され、まず、『観経』第九真身観のいわゆる「摂取不捨」の経文が引用されている。

『観無量寿経』に云わく。「無量寿仏に八万四千の相有ます、一一の相に各八万四千の随形好有ます、一一の好に復八万四千の光明有ます、一一の光明、遍く十方世界を照らしたまふ、念仏の衆生をば摂取して捨てたまはず」と。　（『真聖全』一―九五六）

いったいこの経文は、何を意図して引用されているのであろうか。『観経』の当面の主題である定散自力の人、いわゆる真身観仏の行者に対しては、その光明はその人を摂取せずと言い、逆に下根であるところの遍く十方世界の念仏の衆生のみを摂取して、捨てたまわぬことを説くのである。つまり、「如大経説」（善導・「玄義分」）といわれるごとく、その背後にある弘願の立場に立って、念仏衆生の摂取不捨を説くのである。

流転の生死罪濁の我々に対し、向こうからあらわれ、あえて仏縁を持ち、摂めて捨てないという平等の大悲を説くものである。この摂取の大悲によってこそ、観仏に耐えぬ愚痴・無知の心想羸劣《るいれつ》の韋提も、我らもよく摂めとられるのである。したがって、そこには「回向をもちいざれども」、「平等の慈悲」が一切の念仏衆生にかけられ、縁を与えつづけていることが知らされるのである。そのことは、そのまま「念仏為本」の有力な証文ともなるのであ

る。

したがって、そのことは「摂取章」の中で、摂取不捨の文に続いて「同じき経の疏に云わく。……」と引用される善導の「定善義」の疏文、いわゆる三縁釈によってより具体的に示される。つまり、それは、親・近・増の三義を具体的な内容とし、遍く十方世界を照らす仏光が、特に念仏者を捨てずといわれる所以は、念仏者こそ阿弥陀に、「親」であり、「近」であり、その大願業力の増上縁を保持しているからであるというのである。諸行との対比でそれを論ずる二行章五番の相対の所説で言うならば、諸行が「疎」であり、「遠」であるのに対し、念仏は阿弥陀仏において「親昵」であり、「隣近」であるというのである。親・近という相対的関係を示す表現から、結局は願力増上縁という絶対的なつながりを如来と衆生との間に見ることは、念仏の救済そのものが相対的なものから、普遍的、絶対的なものへという方向で説かれていることを意味していることはいうまでもない。同時にそれは自力能修を意味するのではなく、いっそう明確に他力摂生、不回向の立場に立っての念仏救済を明かさんとするものである。

ところで、この増上縁にはその具体相を見るについて「来迎」が説示されている。すなわち、ここでは、「命終わらんと欲する時、仏聖衆と自ら来りて迎接したまふ」という。されば、それは何を意味するのであろうか。それは、釈迦教要門に対して、この経に説かれる弥陀教弘願そのものを説き示さんとするためと思われる。つまり、玄義分に言うごとく、一切善悪の凡夫が等しく救われていく原理としての阿弥陀仏の大願業力を表し、釈迦（要門）発遣に対し、いわゆる弥陀（弘願）招喚を一致させていこうとする善導の『観経』理解の一連のパターンによるものである。したがって、ここでは、如来の方から積極的に救済仏として現れ来ることを強調するために来迎が特に説かれていると考えられる。それは、『観経』においてこれの直前に説かれる住立空中の来現が、韋提の要請によるものでなく、自ら突如として来現したのと同じである。つまり、それは念仏の救いというものが、あくまで他力摂生によるものであり、このことは不回向、他力ということをいよいよ積極的に説示してきたことにほかならないのである。

したがって、摂取不捨の世界は、自力回向の心によって、人間業として三業を修するのではなく、あくまで大願業力を増上縁とする世界であり、それは如来の三業が逆に回向されて、施されてくる世界である。結局、第二に引かれた定善義の文は来迎を説くといえども、その意図は他力摂生を積極的に顕さんがためであったのである。

また、この「摂取章」では、『観念法門』により、

『観念法門』に云わく。「また前のごときの身相等の光、一一に遍く十方世界を照らすに、ただ阿弥陀仏を専念する衆生ありて、彼の仏心の光常に是の人を照らして摂護して捨てたまはず。総て余の雑業の行者を照摂することを論ぜず」と。（『真聖全』一―九五七）

と、引用する。

特にここで注目すべきは、近世の宗学者たちによって注目されているが、十方世界の念仏衆生、摂取不捨の大悲は、臨命終時に限られておらず、「常に照らして」いるとの文を引用していることである。そして、続く私釈の中では、念仏者を照らし、余行の者を照らさざる理由の第一に上の三縁の義を挙げ、第二に「念仏はこれ本願なるが故にこれを照摂す」という。もとより、第十八の本願には「臨終」は誓われておらず、「即得往生」と成就されるものである。したがって、ここでは念仏衆生の摂取不捨が「常に」、現生において働くものであることを背後に意図しているかと考えられる。

かくて、『選択集』第七章に来迎についての証文を引くといえども、いずれも、それは臨終来迎を積極的に説くものではなく、念仏衆生の摂取不捨・他力摂生を説くものであった。したがって、法然においては、光明摂取ということこそ、念仏者の真の得益であり、念仏往生の証でなければならないということが、第一義であり、臨終来迎は第二義的に述べられたものにほかならないと領解することができる。それでこそ観仏もかなわぬ心想羸劣の凡夫往生のために建てられた浄土宗の面目があるのである。そして、何よりも、注目すべきは、現生正定聚の方向が意図され、さらに、「生死の家には疑いを以って所止となし、涅槃之城には信を以って能入となす」(「三心章」)と示されるごとく、信心が直ちに、涅槃の真証に関係づけられていることである。

第三節　親鸞における「来迎」理解

さて、臨終正念を祈り、来迎引接をまつというような不安定な救いが、果たして真の救いとなるであろうか。祈ることによって我々の魂が安立するであろうか。また、祈る背景に生じ来る功利と打算の心はいかに解決すればよいであろう。

親鸞においては、来迎はまったく否定されている。今、特に『末燈鈔』一を挙げるならば、そこには次のように教示される。

来迎は諸行往生にあり、自力の行者なるがゆへに、臨終といふことは諸行往生のひとにいふべし、いまだ真実の信心をゑざるがゆへなり。また十悪・五逆の罪人のはじめて善知識にあふて、すゝめらるゝときにいふことばなり。真実信心の行人は、摂取不捨のゆへに、正定聚のくらゐに住す。このゆへに臨終まつことなし、来迎たのむことなし。信心のさだまるとき往生またさだまるなり。来迎の儀式をまたず。正念といふは本弘誓願の信楽さだまるをいふなり。この信心うるゆへにかならず无上涅槃にいたるなり。（略）この自力の行人は、来迎をまたずしては、辺地・胎生・懈慢界までもむまるべからず。このゆへに第十九の誓願に諸善をして浄土に回向して往生せんとねがふひとの臨終には、われ現じてむかへんとちかひたまへり。臨終まつことゝ、来迎往生といふことは、この定心・散心の行者のいふことなり。

（『親鸞全』三書―五九・『聖典』六〇〇）

極めて明快な文であり、見るもの易しであるが、その要を挙げれば、親鸞聖人は来迎を否定する理由として、「真実信心の行人は、摂取不捨のゆへに、正定聚のくらゐに住す」ということを挙げる。つまり、正念のゆえに摂取不捨、摂取不捨のゆえに正定聚というのである。すなわち、来迎往生を退けて、正念（「本弘誓願の信楽さだまる」）の摂取不捨をいうのである。

つまり、ここでは、来迎とは自力諸行として厳しく否定する。しかし、『唯信鈔文意』においては、無条件の摂取不捨の大悲を底意に持った来迎釈をする。まさしく、これは前節で述べた法然の「来迎」理解を徹底したものと考えられる。選択本願の立場に立った経文理解である。

『唯信鈔文意』の「観音勢至自来迎」（『五会法事讃』）の釈下で、まず「自」について、

自はみづからといふなり、弥陀无数の化仏・无数の化観音・化大勢至等の无量无数の聖衆、みづからつねにときをきらはず、ところをへだてず、真実信心をえたるひとにそひたまひて、まもりたまふゆへに、みづからと

まふすなり。また自はおのづからといふ、おのづからといふは自然といふ、自然といふはしからしむといふ、しからしむといふは行者のはじめてともかくもはからはざるに、過去・今生・未来の一切のつみを転ず、転ずといふは善とかへなすをいふなり。もとめざるに一切の功徳善根を仏のちかひを信ずる人にえしむるがゆへにしからしむといふ、はじめてはからはざれば自然といふなり。誓願真実の信心をえたるひとは、摂取不捨の御ちかひにおさめとりてまもらせたまふによりて行人のはからひにあらず、金剛の信心をうるゆへに憶念自然なるなり、この信心おこることも釈迦の慈父・弥陀の悲母の方便によりておこるなり、これ自然の利益なりとしるべしとなり。

（『親鸞全』三和―一五八・『聖典』五四八）

と、「自然」の意味にとり、自然の利益として摂取不捨を説く。

続いて、「来」について、次のように釈す。

来迎といふは、来は浄土へきたらしむといふ、これすなわち若不生者のちかひをあらはす御のりなり。穢土をすてゝ真実報土にきたらしむとなり、すなわち他力をあらはす御ことなり。また、来はかへるといふ、かへるといふは願海にいりぬるによりて、かならず大涅槃にいたるを法性のみやこへかへるとまふすなり、法性のみやことといふは、法身とまふす如来のさとりを自然にひらくときを、みやこへかへるといふなり。これを真如実相を証すともまふす、无為法身ともいふ、滅度にいたるともいふ、法性の常楽を証すともまふすなり、このさとりをうれば、すなはち大慈大悲きわまりて生死海にかへりいりて普賢の徳に帰せしむとまふす。この利益におもむくを来といふ、これを法性のみやこへかへるとまふすなり。

（『親鸞全』三和―一五九・『聖典』五四九）

そして、その救済の具体相を表す「迎」について、

迎といふは、むかへたまふといふ、まつといふこゝろなり、選択不思議の本願・無上智慧の尊号をきゝて、一念もうたがふこゝろなきを真実信心といふなり、金剛心ともなづく。この信楽をうるときかならず摂取してすてたまはざれば、すなわち正定聚のくらゐにさだまるなり。このゆへに信心やぶれず、かたぶかず、みだれぬこと、金剛のごとくなるがゆへに、金剛の信心とはまふすなり、これを迎といふなり。『大経』には、「願生彼国、即得往生、住不退転」とのたまへり。願生彼国は、かのくににむまれむとねがへとなり。即得往生は、信心をうればすなわち往生すといふ、すなわち往生すといふは不退転に住するをいふ、不退転に住すといふはすなわち正定聚のくらゐにさだまるとのたまふ御のりなり、これを即得往生とはまふすなり。即はすなわちといふ、すなわちといふはときをへず日をへだてぬをいふなり。

（『親鸞全』三和─一六〇・『聖典』五四九）

と、現生正定聚・即得往生を意味するものとして領解する。まさに、来迎の言から、摂取不捨を学び、来迎とは、すなわち摂取不捨であるとまで領解しているのである。

そして、その釈は重ねて、次の「聞名念我総迎来」の釈下でも述べられる。

迎はむかふるといふ、まつといふ、他力をあらわすこゝろなり。来はかへるといふ、きたらしむといふ、法性のみやこへむかへゐてきたらしめ、かへらしむといふ。法性のみやこより衆生利益のために、この娑婆界にきたるゆへに来をきたるといふなり、法性のさとりをひらくゆへに来をかへるといふなり。

（『親鸞全』三和―一六四・『聖典』五五一）

結局、親鸞においては、来迎とは、法性のみやこへ来たらしむことであり、すぐさま正定聚に住することである。したがって、「念仏衆生摂取不捨」も「観音勢至自来迎」もまったく同じであり、仏自らが我々にまで、動的に来り現れ、一切衆生を自己に摂取し、同化せずにはおかないのである。また、「法性のみやこより衆生利益のために、この娑婆界にきたるゆへに来をきたるといふなり」という表現はまさに還相回向そのものである。

さらに、「大慈大悲きわまりて生死海にかへりいりて普賢の徳に帰せしむとまふす」とは、「来迎」に還相の利益までも見出しているのである。邪悪な衆生を観し、真如法性から来生し、真実に帰せしめるべく迎えとるもの、それが来迎である。したがって、「来迎」もまた他力回向の救いそのものを表す動的な表現であり、ここで「普賢の徳」、すなわち還相回向のはたらきを意味するものとしてとらえられているのである。それは、生死罪濁の自己に出遇った者がたどり着く究極の世界における言葉であったのである。親鸞自身、他力、摂取不捨の大悲を仰ぐことができたからこそ、初めてこの言葉がこのように見えてきたのである。

第四節　摂取不捨

以上、臨終における不来迎から平生における常来迎、そして、他力摂取不捨という救済の普遍化のあとをたどってきた。これにとどまらず、親鸞においては、さらに「摂取不捨」に、如来のはたらきの積極性を汲み取っている。それは、上述の法然の三縁釈理解をさらに徹底し、如来の「無縁の慈」（『観経』）まで極めた立場と考えられる。

ところで、親鸞の『観経』理解は、周知のとおり、「化巻」に示されるがごとく、要門釈迦教をあらわす顕説と、弘願真実をあらわす隠説との二面的理解である。その真実・方便両面を持つ『観経』について、

亦此の『経』に真実あり、斯れ乃ち金剛の真心を開いて摂取不捨を顕さむと欲す。

（『親鸞全』一—二八八・『聖典』三三九）

と示す。つまり、ここでは『観経』そのものをただ摂取不捨の一点のみを顕す経典として見ているのである。さらに、その「摂取」について『浄土和讃』では左訓によって、

おさめとる
ひとたひとりてなかくすてぬなり
せふはもの、にくるをおわえとるなり
せふはおさめとる
しゅはむかへとる

（『親鸞全』二讃—五一）

とまで述べる。仏縁なき凡夫に対しても、如来からの回向、積極的なはたらきによる確かな救いのあることを説き示す文である。しかも「もの、にくる」、つまり、仏法に背いている者までも、救いとるということである。まさしく仏の無縁の大悲である。

それゆえ、親鸞においては、他力とか阿弥陀とは、摂取不捨のはたらきそのものとしてとらえられている。すなわち「行巻」には、

何かに況はんや十方群生海斯の行信に帰命すれば、摂取して捨てたまはず、ゆえに阿弥陀仏と名づくると、これを他力という。

（『親鸞全』一―六八・『聖典』一九〇）

といわれ、『浄土和讃』には、

十方微塵世界の　念仏の衆生をみそなはし
摂取してすてざれば　阿弥陀となづけたてまつる

（『親鸞全』二讃―五一・『聖典』四八六）

といわれる。阿弥陀の阿弥陀たる本質的理由は、摂取不捨の大悲そのものであり、他力の他力たる理由も摂取不捨ということにおいてのみいわれるのである。

まことに、親鸞においては真宗を、

誠なる哉摂取不捨の真言超世希有の正法聞思して遅慮することなかれ。

（『親鸞全』一―七・『聖典』一五〇）

ととらえ、

弥陀の誓願不思議にたすけられまひらせて往生をばとぐるなりと信じて、念仏まふさんとおもひたつこゝろのおこるとき、すなはち摂取不捨の利益にあづけしめたまふなり。（『親鸞全』四言―三・『聖典』六二六）

という。したがって、そこには何ら難しい行、つまり、念仏を数多くとなえることも、見仏を成就できる能力も必要としないのである。無力のものがただ無条件に救われていくことのみをいうのである。それでこそ、他力であり、阿弥陀であるというのである。まさに真宗とは摂取不捨の救済そのものであるとまで言い切るのである。

いうまでもないが、親鸞において摂取不捨といわれる場合、『末燈鈔』一に、

真実信心の行人は、摂取不捨のゆへに正定聚のくらゐに住す。（『親鸞全』三書―五九・『聖典』六〇〇）

というごとく、それは現生における得益である。『正像末和讃』には、

弥陀智願の回向の　信楽まことにうるひとは
摂取不捨の利益ゆへ　等正覚にはいたるなり（『親鸞全』二讃―一四八・『聖典』五〇二）

とある。親鸞においては常に現生において信心得る人が等正覚にいたるのであり、現生において本願を信じ念仏申すときに摂取不捨の利益にあずかるのである。もとより、親鸞が救済の証を現生に見出したのは『大経』成就文の「即得往生住不退転」によることは周知のとおりであり、その現生正定聚が親鸞教学の特質であることはいうまで

もない。つまり、現生における摂取不捨、この点において、臨終正念、臨終来迎とはまったく異なる。臨終まつことなく、来迎たのむことない無条件の救済である。

ところで、『選択集』「摂取章」に引かれる善導の三縁釈は、親鸞においては、『観経集註』を除いて一度も引用されていない。それは、三縁釈が要門的構造を持つといわれるが、それにもまして、その本源である『観経』の「念仏衆生摂取不捨」の言がそのままストレートに大悲、他力回向を言い表していると領解したからであると考えられる。もっと言えば、「摂取不捨」の真言を聞き開いてわざわざ三縁釈を必要としないほど、ストレートに大悲の世界、他力の世界が感知できたものと考えられる。しかし、直接的には『選択集』所引の三縁釈があればこそ、親鸞はそれを手がかりとして「摂取不捨」の真意を尋ねることができたのである。

その意味で、「観音勢至自来迎」の自を「おのずから」、「自然」と解釈し、観音・勢至が「法性のみやこへきたらしめ、むかへとる」という解釈は親鸞の他力救済の来迎から摂取へという論理的展開をよく物語るところである。本来、十九願意を表す「来迎」までも、第十八願の証果として解釈したことは、まさしく親鸞自身の体験的着法眼によるものである。

近時、ビハーラ運動の拠り所を第十九願の臨終来迎に求める人があるが、それが末とおった救いにならないことは、以上のような救済論の展開を見れば明らかである。平生に信心獲得して正定聚に住して「無生忍」を得ることこそが真宗のビハーラである。

註

（1）藤原幸章「浄土宗をひらく」（『親鸞教学』第二五号、大谷大学真宗学会、一九七四年）一〇九頁。

第四章　利他の一心

第一節　若少一心

『選択集』「三心章」における法然の三心論は、もちろん『観経』所説の三心についてであって善導の解釈によりつつ、「是行者の至要也」と述べる。『唯信鈔』においても同様で『観経』の「具三心者必生彼国」と『往生礼讃』の「具此三心必得往生也　若少一心即不得生」を証文として引き、自力の三心を勧める。そして、特に「散善義」の至誠心釈の「不得外現賢善精進之相内懐虚仮」を引いて「至誠真実なれ」と説く（親鸞の筆写本あるいは引用はすべて読みかえているが）。もとより、善導は、「散善義」において他力弘願教の『観経』理解をするが、利他真実の言を挙げるのみで、利他の三心は示唆されるにとどまっていた。法然にあっても純粋に念仏為本と主張するだけであり、聖覚にあっても、二種深信については詳説するが「三心ことなるににたれどもみな信心にそなわれるなり」と「唯信」にそった解釈をするのみである。両者共に『観経』の三心の域を出るものではなかった。

今、『唯信鈔文意』においては、これらの釈義はそのまま相伝されるが、「若少一心」から次のように展開する。

若少一心といふは、若はもしといふ、ごとしといふ、少はかくるといふ、すくなしといふ。一心かけぬればむまれずといふなり。一心かくるといふは信心のかくるなり、信心かくといふは、本願真実の三信のかくるなり。『観経』の三心をえてのちに、『大経』の三信心をうるを一心をうるとはまふすなり。このゆへに『大経』の三信心をえざるおば一心かくるとまふすなり、この一心かけぬれば真の報土にむまれずといふなり。『観経』の三心は定散二機の心なり、定散二善を廻して『大経』の三信をえむとねがふ方便の深心と至誠心としるべし、真実の三信心をえざれば、即不得生といふなり。

（『親鸞全』三和―一七七・『聖典』五五六）

つまり、「若少一心」の一心を『大経』所説の三信とし、それが欠けると真実報土に往生することができないと釈する。上掲の善導の一文は、明らかに『観経』の三心を釈した文で、「若少一心」といえば、『観経』の三心の中の一心と解すべきである。親鸞が一心を『大経』の一心としたことの詳細な訳は「化巻」に述べられている。「化巻」では、いわゆる二経の三心一異の問答を立てて、顕彰隠密の義を述べ、

二経の三心顕之義に依れば異也、彰之義に依れば一也、三心一異の義答へ竟りぬと

（『親鸞全』一―二九二・『聖典』三四四）

と結ぶ。

つまり、『観経』の隠顕の立場からこの三心を解するのである。『観経』の三心は「顕」では、定機、散機の自力の三心であって自利各別である。これに対し、「隠」では、利他の一心であり、『大経』の三信と同一であるとするのである。したがって、顕説では諸機各別の自利の三心で述べ、隠説では『大経』の三信心の一心と解釈する。こ

こに基づいて、今、一心がかけるとは本願真実の三信の欠けることであると説明する。

しかも、ここでは、「定散二善を廻して『大経』の三信をえむとねがふ方便の深心と至誠心としるべし」と示されるごとく、『観経』の三心と『大経』の三信をそれぞれ方便、真実の関係に置き、しかも、『大経』の三信を、

この信心は摂取のゆへに金剛心となれり。これは『大経』の本願の三信心なり。この真実信心を世親菩薩は、「願作仏心」とのたまへり。この信楽は仏にならむとねがふとまふすこゝろなり。

（『親鸞全』三和―一七四・『聖典』五五五）

と、信楽に摂めている。

もちろん、これは「信巻」の信楽即一心の所説に示されるとおりである。

真に知りぬ、疑蓋間雑无きがゆへにこれを信楽と名づく、信楽即是一心なり、一心即是真実信心なり。

（『親鸞全』一―一一六・『聖典』二二四）

このことを『浄土高僧和讃』には、

真実信心えざるおば　一心かけぬとおしえたり
一心かけたるひとはみな　三信具せずとおもふべし

（『親鸞全』二讃―一一六・『聖典』四九六）

と説かれる。また、『観経』の三心と『大経』の三信については、

定散諸機各別の　自力の三心ひるがへし
如来利他の信心に　通入せむとねがふべし
（『親鸞全』二讃―五〇・『聖典』四八六）

と讃ずるように、「自力の三心ひるがへし」て『大経』の三信に回入するのであり、親鸞は『観経』の三心を方便と位置づけたのである。したがって、自力の三心をまったく廃捨したのではなく、それに方便の意義を見出している。それは、「化巻」に説かれる隠顕釈という極めて明快な経典解釈によって知られるところである。『大経』の三信は、すなわち一心であり、そして、一心はまた「横超の金剛心」であると説かれる。
すなわち、『唯信鈔文意』ではこれに先立って「教念弥陀専復専」の釈下で「専」を釈して、

専復専といふは、はじめの専は一行を修すべしとなり。復はまたといふ、かさぬといふ、しかればまた、専といふは一心なれとなり、一行一心をもはらなれとなり。専は一といふことばなり、もはらといふは、ふたごゝろなかれとなり、ともかくもうつるこゝろなきを専といふなり。
（『親鸞全』三和―一七三・『聖典』五五五）

と、専を一心と解釈し、一心を、さらに、

この一行一心なるひとを摂取してすてたまはざれば阿弥陀となづけたてまつると、光明寺の和尚はのたまへり、

この一心は横超の信心なり。横はよこさまといふ、超はこえてといふ、よろづの法にすぐれて、すみやかにとく生死海をこえて、仏果にいたるがゆへに超とまふすなり。これすなわち大悲誓願力なるがゆへなり。この信心は摂取のゆへに金剛心となれり。これは『大経』の本願の三信心なり。

（『親鸞全』三和―一七四・『聖典』五五五）

と横超の金剛心と釈する。「信巻」菩提心釈の所説とまったく同趣である。

善導は、天親の一心が願成就の聞名の信心であることより、この一心を「金剛心」と名づけたのである。よって親鸞は、天親を受けた善導の文によって願成就の信心を紛れもなく、横超の金剛心としたのである。この心は貪瞋水火に破するものではなく、凡夫の自力の心でもない。まったく他力であるがゆえに横超の金剛心と呼ばれるのである。

弥勒大士は「等覚金剛心を窮むるが故に龍華三会之暁当に无上覚位を極むべし」（「信巻」・『親鸞全』一―一五一・『聖典』二五〇）と、まさに竪の金剛心をもってする。これに対し、念仏の衆生は「横超の金剛心を窮むるが故に臨終一念の夕べ大般涅槃を超証す」（同）と横の金剛心をもってする。しかもそれは、「真心徹到」（「欣浄縁」）するがゆえに、すなわち弥勒と同じなのである。而して、

この信楽をうるときかならず摂取してすてたまはざれば、すなわち正定聚のくらゐにさだまるなり。

（『親鸞全』三和―一六一・『聖典』五四九）

心である。

と示されるのである。しかも、この信心は如来の誓願力なるがゆえに、利他の真実信心であり、願作仏・度衆生の

この真実信心を世親菩薩は、「願作仏心」とのたまへり。この信楽は仏にならむとねがふとまふすこゝろなり。この願作仏心はすなわち度衆生心なり（略）この心すなわち大菩提心なり、大慈大悲心なり。

（『親鸞全』三和―一七四・『聖典』五五五）

親鸞における信は、如来よりたまわったものである。本願力回向の大信心である。ゆえに金剛不壊である。他力の一行一心はまさに、金剛不壊の真心である。

すなわち、親鸞は、諸機各別の自力の三心に方便としての意義を見出し、それを「ひるがへして」他力の一行一心に帰することを明示した。至誠心をもって如来を深心し、自他の諸善を回向発願しなければならないという、いわゆる自力の三心は、それ自身の自力性から本願力回向の真心徹到の方便としての意味を持ったのである。法然における「ただ念仏」の信は、聖覚においては『観経』の三心を意味する「唯信」と受けとめられたが、今親鸞において『大経』の三信心と一致されることとなった。同時に、『観経』の三心は方便としての意味を持つこととなり、それ自身が内包していた純粋性は、「一行一心なるひとを摂取してすてたまはざれば阿弥陀となづけたてまつる」の言の中におさめ取られた。つまり、浄土教が純粋に念仏を勧めれば勧めるほど、強調せざるをえなかった排他的、独善的立場が一切を包容する仏心大悲のもとにおさめ取られたのである。ここに「唯信」は他力の「一心」と理解され、その絶対性は「真心徹到」ということにおいてはじめていえるのである。その立場に立ってはじめて、他に

対して、

他力の三信心をえたらむひとは、ゆめ〳〵、余の善根をそしり、余の仏聖をいやしうすることなかれとなり。
（『親鸞全』三和―一七六・『聖典』五五六）

といえるのである。

第二節　信心仏性

ついで「真心徹到」の一心は往生の正因であり、仏性とされる。

仏性とは、本来、仏の因性、すなわち仏陀となる因を有することを指す言葉である。一般的には、「一切衆生悉く仏性あり」「衆生の仏性は常住不変なり」（『涅槃経』）と説かれるように、一切衆生が本来的に有するものと理解されていた。

これに対し、今、親鸞は『唯信鈔文意』で、特に「信心仏性」と呼ばれる独自の仏性論を展開する。それは、まさしく「唯信」そのものの意味ということができる。その展開は本書における「極楽無為涅槃界」（『法事讃』）の釈下で述べられる。

まず、涅槃の異名を挙げ、

涅槃おば滅度といふ、无為といふ、安楽といふ、常楽といふ、実相といふ、法身といふ、法性といふ、真如といふ、一如といふ、仏性といふ、仏性すなわち如来なり。この如来微塵世界にみち〳〵たまへり、すなわち一切群生海の心なり、この心に誓願を信楽するがゆへにこの信心すなわち仏性なり、仏性すなわち法性なり、法性すなわち法身なり。

（『親鸞全』三和―一七〇・『聖典』五五四）

と、信心即仏性を述べる。この文はまさに「信巻」に引証される『涅槃経』（獅子吼品）に対する親鸞自身の領解でもある。一見この問題は、「一切衆生悉有仏性」と他力回向という相反する論理の弁証とも思われる。つまり、仏は自らの行を修して、本具の仏性を開覚して、自ら仏となった。しかるに、我々は本具の仏性を磨きだすことのできない無有出離の存在である。唯一の道は、無有出離と信知して、如来の願力に乗ずることである。すなわち、「唯信」そのものである。『唯信鈔文意』において、「仏性すなわち如来なり」といい、「一切群生海の心なり、この心に誓願を信楽するがゆへにこの信心すなわち仏性なり」と述べて信心仏性論を展開するのは、あくまでも、我が身の現実を凝視して、如来の如来たる所以を仰ぎ見た親鸞の信心の体験的領解である。

それゆえに、

法身はいろもなし、かたちもましまさず。しかればこゝろもおよばれずことばもたへたり。この一如よりかたちをあらわして、方便法身とまふす御すがたをしめして、法蔵比丘となのりたまひて、不可思議の大誓願をおこしてあらわれたまふ御かたちおば、世親菩薩は盡十方无碍光如来となづけたてまつりたまへり。

（『親鸞全』三和―一七一・『聖典』五五四）

と示され、ここでは、一如界、涅槃界から来現した方便法身の誓願を信楽する信心が、すなわち仏性であると述べるのである。方便法身とは、無明界に来現して我らの「无明のやみをはらひ悪業さえられず」一切衆生を摂取して、捨てざる尽十方無碍光如来である。色も無く、形も無い法性そのものが方便としてあらわれ、形をあらわし、み名を示して尽十方無碍光如来として、一切衆生の心に遍満する。この有情の心に誓願を信楽するがゆえに信心が問題となるのである。もってこの如来の誓願を聞き、「一行一心なるひとを摂取してすてたまわざれは阿弥陀となづけたてまつる」といわれるのであって、このひとこそ「よろづの法にすぐれてすみやかにとく生死海をこえて仏果にいたる」のである。されば、まったく如来の「大悲誓願力」そのものである。とするならば、この信楽は衆生をして、無上涅槃にいたらしめたもう心であり、それは、如来の誓願力を本質とする「この心すなわち（略）大慈大悲心」であり、それゆえにこそ「信心すなわち仏性なり」「仏性すなわち如来なり」といわねばならないのである。されば、真宗における仏性論は、他力回向と相反する弁証どころか、これこそ、まさしく「信心と言うは、即ち本願力回向之信心也」といわれる所以を根本的に明らかにするものというべきである。言い換えるならば、信心は如来真実そのものの表現であり、善導が「欣浄縁」で言うところのいわゆる「真心徹到」そのものである。

> 真心徹到するひとは　金剛の心なりければ　三品の懺悔するひとゝ　ひとしと宗師はのたまへり
>
> （『親鸞全』二讃―一一四・『聖典』四九六）

といわれる所以である。

具体的にいうならば、如来の真心が徹到して仏心をたまわるならば、この大信心こそ仏性である。しかも、一切衆生は弥陀の誓願のごとく必ず大信心を獲得するに違いない。よって一切衆生悉有仏性なのである。つまり、仏性とは、如来回向の大信心なのである。ゆえに、それは如来なのである。そこに、「この信心をうるを慶喜といふなり、慶喜するひとは諸仏とひとしきひととなづく」(『親鸞全』三和―一七五・『聖典』五五五)という大慶喜心があるのである。まさに親鸞が、

歓喜信心無疑者おば〔信心よろこぶそのひとを〕与諸如来等ととく〔如来とひとしとときたまふ〕大信心は仏性なり　仏性すなはち如来なり　(〔　〕内文明開板本、『親鸞全』二讃―五七・『聖典』四八七)

と述べられるがごとくである。

親鸞における一切衆生悉有仏性はこのような意味を持ったのである。我々において他力の信心ということを離れては、仏性も如来もありえない。信においてのみ、仏性の真の意義があるのである。特に『唯信鈔文意』における親鸞の信心仏性論は大信心の絶対性、すなわち「唯信」の立場を言い尽くしたものというべきである。

第三節　不得外現

如来の真心が徹到して仏心をたまわるとは、正しく如来真実が、衆生に回施されることである。同時にそれは、自身に対する深い慚愧と内省を自覚することである。今、『唯信鈔文意』では、善導の三心釈の読みかえによってそのことを示す。

に釈す。

『唯信鈔文意』では、『観経疏』（「散善義」）の至誠心釈の「不得外現賢善精進之相内懐虚仮」についで次のように釈す。

「不得外現賢善精進之相」といふは、あらはにかしこきすがた、善人のかたちをあらわすことなかれ、精進なるすがたをしめすことなかれとなり。そのゆへは「内懐虚仮」なればなり。内はうちといふ、こゝろのうちに煩悩を具せるゆへに、虚なり仮なり、虚はむなしくして、実ならぬなり、仮はかりにして真ならぬなり。このこゝろはかみにあらわせり。この信心はまことの浄土のたねとなりみとなるべしと、いつわらずへつらわず、実報土のたねとなる信心なり。しかればわれらは善人にもあらず、賢人にもあらず、賢人といふは、かしこくよきひとなり。精進なるこゝろもなし、懈怠のこゝろのみにして、うちはむなしくいつわり・かざり・へつらうこゝろのみつねにして、まことなるこゝろなきみなりとしるべしとなり。

（『親鸞全』三和―一七八・『聖典』五五七）

外相に賢き姿、善人のかたちをとるべからず、「そのゆへは」内面に虚仮を懐いているではないか、という意である。この理解は、親鸞独自の読みかえによるものである。通常、

不レ得下外《ニ》現《シ》二賢善精進《ノ》之相《ヲ》一内懐《クコトヲ》中虚仮《ヲ》上

（『浄土宗全書』二―五五）

（外に賢善精進之相を現じ、内に虚仮を懐くことを得ざれ）

と読むべきものを、

不レ四得エ三外ニ現コトヲ二賢善精進之相ヲ一内ニ懐ウタイテ二虚仮ヲ一

（外に賢善精進之相を現ずることを得ざれ、内に虚仮を懐いて）

（『親鸞全』一―一〇二・『聖典』二一五）

と加点を変えて読み下している。このような加点は『教行信証』のほか、『愚禿鈔』（『親鸞全』二漢―二一・『聖典』四三六）でもなされており、今この『唯信鈔文意』では、よりわかりやすくするため、「内懐虚仮」の前に、「そのゆへは」との言葉を補っている。この読みかえが何を意味し、これにいかなる理解があるのだろうか。

このことについては、すでに、『教行信証』で示されるごとく、『観経』所説の自力の三心から『大経』所説の他力の三心への転換によるものである。具体的には至誠心釈における自利真実から利他真実という転換によるものである。

すなわち、三心とは、善導が指摘するごとく、定散二善を一貫する願生者の具すべき条件である。その第一至誠心とは、真実心のことである。今、通常の読み方にしたがって要を挙げれば次のとおりである。

経に云わく、一者至誠心、至は真なり、誠は実なり、一切衆生の身口意業に修する所の解行必ず真実心の中に作す須《べ》きことを明さんと欲す。外に賢善精進之相を現じ、内に虚仮を懐くことを得ざれ。

（『浄土宗全書』二―五五）

つまり、ここでは真実心を〈自らかくあるべし〉と領解して、それを励み、諸悪を制捨して、真実の中に身口意の三業を作すべきであるとするものであり、日夜十二時、身心を苦励して真実なるべしと勧めるものである。つまり、外に賢善精進の相を現じて内外相応することが何よりも厳しく要求されている。

結局、それは虚仮不実の我が身を自策自励で清浄真実に相応させようとするものである。「真実」を衆生の範疇でとらえ、衆生の力によって「真実の世界」を現出できるとの立場である。

しかし、かくのごとき立場が果たして我々に可能であろうか。いみじくも、同じ至誠心釈の中で、

此の雑毒之行を廻して彼の仏の浄土に求生せんと欲せむ者は、此れ必ず不可也。（『親鸞全』九加(3)―一七一）

と善導自身が言うごとく、それは「必ず不可」である。それは、上の虚仮不実の我が身を自策自励で清浄真実に相応させようとする読み方の立場を全面的に否定するものである。

貪瞋邪偽奸詐百端にして悪性侵めがたし。事蛇蝎に同じ。三業を起すと雖も名づけて雑毒の善となす。（『親鸞全』九加(3)―一七〇）

と、示されるように、三業の起行すべてが結局、虚仮雑毒を免れえない現実であるからである。すなわち、自らの力を信じ、善を積んでも、それは所詮、「雑毒の善」となるのである。

もとより、我々自身においても、我が身の至誠真実を誇示し、内面の虚仮を外相の真実に相応させることが、い

かに難しく、空しいことかということは身をもって知るところである。しかし、現実には、我々は抜きがたき定散心をどうすることもできず、勢い自力を策励し、ここに内外相応の道を志求せずにはおれないのである。しかし、そのことが今、善導によって「必ず不可なり」といわれるのである。我々は、冷ややかな響きを持ったこの言葉の前に「無明長夜」を歎かざるをえない。

しかるに、善導は、

一者自利の真実。二者利他の真実なり。自利真実といふは……（『親鸞全』九加(3)―一七一）

と二利真実を立てたのである。まさしくその底意は、我が身に真実なしと知ってただ彼の願力に乗じ、自利真実から利他真実に帰せしめようとするものであろう。自利真実とは、真実心の中に諸悪を制捨し、三業によって我が身を真実のごとくせんとするものである。上に述べた虚仮不実の我が身を自策自励で清浄真実に相応させようとする通常の読み方と一致する。これに対し、ここでは利他真実が挙げられる。しかし、疏文において利他真実については標文のみを掲げて何ら述べるところがなく、本書を未完の書とさえ思わせるのである。されば、利他真実とはいかなる意味で、「真実」はどこにあるのだろうか。

ところで、善導の『観経』理解の立場は、「弘願と言ふは大経の如し」（「玄義分」）、とか「念念に捨てざる者を、是を正定之業と名づく。彼の仏の願に順ずるが故に」（「散善義」・『親鸞全』九加(3)―一七九）といわれるように、定散両門の教から大願業力を増上縁とする阿弥陀仏の無限大悲の領受へと深まっていることを考えあわせればあくまで『大経』の本願を根底においている。

また、三心理解においても本願三心にその底意を求めたがゆえに、三心釈の中核とも言うべき深心釈においても真実の深心の構造そのものを次のように明かす。

> 「二者深心」。「深心」といふは即ちこれ深信の心なり。亦二種あり。一には決定して深く自身は現にこれ罪悪生死の凡夫なり、曠劫より已来常に没し常に流転して出離之縁有ることなしと信ず。二には決定して深く彼の阿弥陀仏の四十八願をもって衆生を摂受したまうこと、疑いなし、慮なし、彼の願力に乗じて定めて往生を得と信ず。
> （『親鸞全』九加(3)―一七二）

この釈文の中で、「深信の心」「亦二種あり」とは、その構造を的確に示す言葉である。すなわち、深心とは深信であり、それは自身における深い罪悪生死の自覚をとおして自らの無有出離之縁の身を信じ、彼の願力に乗じて定んで往生を得ることを深く信ずということである。つまり、機法二種分別の信心の上に立って自身の罪悪生死の身、すなわち虚仮不実の身を信知し、阿弥陀の大願業力の救いの法を深信せよというのである。

この場合、あくまで『観経』の経説を『大経』の立場で読み取り、しかも、自己の真実なき姿を厳しく見つめ、内に虚仮を懐いて、いかようにもし難い自覚から大願業力の世界に真実を求めている。したがって、そこでは厳しい自覚を契機として、真実が衆生の範疇から如来の範疇へと転換されているのである。善導の三心釈がこのような方向性を持っていることを念頭において、疏文に述べられていない「利他真実」の内容を確認してみたい。そのことが上述の読みかえの真意を解明することになるのである。

ところで、この課題を法然の上に尋ねてみたとき、その著述を見る限り、明快な答えを見出すことはできない。

法然は『選択集』「三心章」において、一貫して「念仏の行者、必ず三心を具足すべき」と述べ、「不得外現賢善精進之相内懐虚仮」の文を釈しつつも、外相の真実に内面を相応させるところの内外相応を説くにとどまり、賢者法然の姿を思わせるだけである。また、深心釈についても、疏文にしたがって、「二種の信心を建立して」と述べ、「まさに知るべし。生死の家には、疑をもって所止と為し、涅槃の城には信を以って能入と為す」と信の重要性を説くだけである。

しかし、法然においても善導と同じく弘願他力の真実心を領受していたと思われる。すなわち『観経釈』には、

今この経の三心は、即ち本願の三心を開く。爾る故は、至心とは至誠心なり、信楽とは深心なり、欲生我国とは回向発願心なり。（『真聖全』四―三五二）

といい、また『西方指南抄』にも、

『観経』三心、『小経』の「一心不乱」、『大経』の願成就の文の「信心歓喜」と、同流通の「歓喜踊躍」と、みなこれ至心信楽之心也と云り。これらの心をもて、念仏の三心を釈したまへる也と。（『親鸞全』五輯(1)―一二二）

と述べられるごとく、一応、『大』『観』二経の三心の同致を説き、根底には弘願の真実心が仰がれている。したがって法然においては、詳細な解釈をしなかったというだけで、彼自身はあやまりなく善導の真意を領解し、利他真実に帰していたと思われる。

ところで、「真実」について善導の疏文を手がかりとして確認したのは、親鸞である。しかし、それは直接的には、隆寛の教示に基づくものである。隆寛は、親鸞に先立ち、まったく同じ方法、同じ立場で利他真実を確かめている。それは、彼の『散善義問答』あるいは『具三心義』で示されているとおりである。(1)

是を以って結する詞に云わく凡そ施したまふ所、為趣求亦皆真実なり云云。

（『散善義問答』・『隆寛律師全集』二―一五八）

凡そ三業を起すに必ず真実を須ゐる故に至誠心と名づく。

（『具三心義』・『隆寛律師全集』一―二六）

だがその隆寛の立場も、結果的には、親鸞によってさらに展開されるところとなるので、今は親鸞の立場のみで考えたい。

親鸞は、善導の疏意を確かめるにあたり、周到綿密な疏文の分析からはじめている。親鸞撰述の『教行信証』「信巻」あるいは、『愚禿鈔』にはその研鑽の後が綿々と記されている。特に『愚禿鈔』下巻では、標題のみで記載のなかった『観経疏』至誠心釈の「利他真実」について次のように述べている。

（一）　一つには「凡そ施したまふ所　趣求を為すは亦皆真実なり」と。

（二）　二つには「不善の三業は必ず真実心の中に捨てたまひしを須ゐよ。また若し善の三業を起こさば、必ず真実心の中に作したまひしを須ゐて、内外明闇を簡ばず、皆真実を須ゐるがゆゑに、至誠心と名づく」と。

（『親鸞全』二漢―二二一・『聖典』四三六）

この二文は至誠心釈の疏文を読みかえたものである。

上述のごとく、善導の真意が『観経』の三心の経説をとおして、定散自力から、弘願他力の世界を開かんとするにあることはいうまでもない。しかし、疏文が当面の定散自利の信心に即して述べられて「利他真実」が記されていない。しかるに、親鸞はその真意を汲み、至誠心釈の疏文を読みかえることによって、利他真実の世界を領解したのである。それは、基本的には「真実」とは如来の範疇のものであり、「真実」の所在は如来にあるとの立場である。すなわち、まず、(一)「施」を仏に、「趣求」を衆生につく言葉として読みかえている。つまり、真実を施すのは、仏、真実を趣求するのは、衆生とみられており、真実はどこまでも仏の世界とみられている。(二)次に、もともと「すべからく…すべし」と読まれていた「須」を「もちゐる」と読み、「真実を須ゐる」あるいは「必ず真実心の中に作したまひしを須ゐよ」と読みかえる。つまり、「すべからく…すべし」とは、自策自励の立場であり、「真実を須ゐる」とは、仏につく真実を衆生が須《もち》いるとの意であって、決して衆生の自力に「真実」を迫るものではない。むしろ、「真実」とは如来より回施されるものとの立場である。

親鸞は、この二点に加えて、至誠心釈中、さらに、

(三) 一切衆生身口意業に修する所の解行、必ず真実心の中に作したまへるを須《もち》ゐむことを明さむと欲ふ

(『親鸞全』二漢―二一・『聖典』四三六)

と、同様の読みかえをする。

このような利他真実を領解する読みかえをしたあと、「不得外現……」の読みかえをするのである。この立場は、

内面を「外現賢善」に相応させるのではなく、内面に虚仮を懐いているにもかかわらず、「外現賢善」である自己を誡めることにおいて内外相応を説く。つまり、ここでは、真実にあらざる自己の自覚が要求されているのである。もっといえば、そうならざるをえない自己を悲歎しているのである。したがって、自己に真実を迫る立場とはまったく逆である。

このように「真実を須ゐる」とか、「施」を仏につく言葉としてみることは、明らかに弥陀の本願をもって、真実を仰いでいることを示す。つまり、凡夫の心を真実とするのではなく、あくまで本願（所帰の願）を真実と仰ぎ、それにしたがって、真実の願に帰する心（能帰の心）をも真実とするのである。したがって、まったく他力に依憑する信相である。

したがって、「不得外現……」の読みかえも、我が身の不真実を悲歎して、要門、定散行を改め、ただ大願業力に乗じて、利他真実に帰せよと述べられているのである。

しかも、この『唯信鈔文意』では、自利真実の道が不可能である、つまり、「あらはにかしこきすがた、善人のかたちを、あらわすことなかれ、精進なるすがたをしめすことなかれとなり」といい、そして、「そのゆへは内懐虚仮なればなり」と。だから利他真実に帰するよりほかにないと説くのである。

もとより、我々が内懐虚仮を自覚することは至難のことである。今、親鸞はそれを「愚禿悲歎述懐」として和讃にして讃じている。

浄土真宗に帰すれども　真実の心はありがたし
虚仮不実のこのみにて　清浄の心もさらになし

外儀のすがたはひとごとに　賢善精進現ぜしむ
貪瞋邪偽おほきゆへ　奸詐もゝはし身にみてり
悪性さらにやめがたし　こゝろは蛇蝎のごとくなり
修善も雑毒なるゆへに　虚仮の行とぞなづけたる

（『親鸞全』二讃―二〇八・『聖典』五〇八）

「不得外現……」の領解からすれば、凡夫は内に虚仮をいだくからこそ、内外相応の苦励を捨てて、利他真実の道に赴かなければならない。言い換えれば、自力の行をもってしても、内外相応することができない。つまり、真実をつかむことはできない。しかるに、他力に任じ、回施される利他真実を須いるとき初めてそれが願力の真実なるゆえに、内外相応して、決定して往生することを得ると説くのである。ここに自力を策励して、虚仮なる内を外現に相応させるべき定散の道は明らかに否定され、内なる虚仮を自覚し、利他真実の直道をたどれと説示しているのである。真実はどこまでも如来の範疇であり、本願あるいは願心の中にあるのである。

それゆえ、親鸞は「信巻」で『涅槃経』を引いて、

すでに真実と言へり。真実と言ふは『涅槃経』に言く。実諦は一道清浄にして二有ること无き也、真実と言ふは即ちこれ如来なり、如来は即ちこれ真実なり、真実は即ちこれ虚空なり、虚空は即ちこれ真実なり、真実は即ちこれ仏性なり、仏性は即ちこれ真実なりと。

（『親鸞全』一―一一九・『聖典』二二七）

という。そこでは回向する主体、つまり、如来がそのまま真実であり、その回向された信心もまた真実である。し

たがって、信心は仏性、つまり「実報土のたねとなる信心」であり、しかるに、仏性はもちろん真実であるとの意である。凡夫の心はどこまでも不真実であり、あくまで、如来のみを真実と仰ぎ、如来より回向される心、すなわち、真実に帰する心、仏性をも真実心とするのである。したがって、まったく他力をたのむ立場である。

そして、その真実は、名号を体としており、唯一、名号をとおして我々に回施されるのである。まさに、これこそ、前節でも述べたが善導の言うところの「真心徹到」の信相である。

真実とは如来であり、それを表現するものは唯一、修多羅である。ゆえに「修多羅の真実功徳相に依って」と天親が『浄土論』で言うように、浄土真実をそのまま、その世界とする『大経』の言葉こそ、真実から流れ出た「如来如実の言」である。

註

（1）拙稿「親鸞教学をめぐる一視点――隆寛の三心釈領解を中心として――」（『親鸞教学』第三五号、大谷大学真宗学会、一九七九年）。

第五章　変成と回心

第一節　「転入」と「転成」

「唯信」とは「本願をたのみて自力をはなれたる」ことであり、回心そのものを意味する。具体的には、これまで述べてきたように、自力の来迎から他力の摂取へ、自力の三心から本願の三信心へ、衆生に具する仏性から如来回向の信心仏性へ、自利の真実から利他の真実へという展開を内容とするものである。本章では、本書の結びとして、『五会法事讃』の「但使廻心多念仏　能令瓦礫変成金」の釈下で述べられる「回心」と「変成」、それに「観音勢至自来迎」の釈下の自然釈における「転」の注解から他力救済の内実を考察してみたい。

『五会法事讃』の「但使廻心多念仏　能令瓦礫変成金」の釈下では、

「但使廻心多念仏」といふは、但使廻心はひとへに廻心せしめよといふことばなり。廻心といふは、自力の心をひるがへしすつるをいふなり。実報土にむまるゝひとは、かならず金剛の信心のおこるを、多念仏とまふすなり。多は大のこゝろなり、勝のこゝろなり、増上のこゝろなり。大はおほきなり、勝はすぐれたり、よろづの善にまされるとなり、増上はよろづのことにすぐれたるなり。これすなわち他力本願无上のゆへなり。自力のこゝろをすつというは、やう〳〵さま〴〵の大小聖人善悪凡夫の、みづからがみをよしとおもうこゝろをすて、みをたのまず、あしきこゝろをかへりみず、ひとすぢに具縛の凡愚屠沽の下類、无碍光仏の不可思議の本願、広大智慧の名号を信楽すれば、煩悩を具足しながら无上大涅槃にいたるなり。具縛はよろづの煩悩にしばられたるわれらなり、

（『親鸞全』三和―一六七・『聖典』五五二）

と回心について述べられる。

そして、その有様を、「変成」ととらえ、次のように釈す。

「能令瓦礫変成金」といふは、能はよくといふ、令はせしむといふ。瓦はかわらといふ、礫はつぶてといふ。変成金は、変成はかへなすといふ、金はこがねといふ、かわら・つぶてをこがねにかえなさしめむがごとしとたとへたまへるなり。れうし・あき人さま〴〵のものは、みないし・かわら・つぶてのごとくなるわれらなり、如来の御ちかひをふたごゝろなく信楽すれば、摂取のひかりのなかにおさめとられまいらせて、かならず大涅槃のさとりをひらかしめたまふは、すなわちれうし・あき人などは、いし・かわら・つぶてなむどを、よくこがねとなさしめむがごとしとたとへたまへるなり。摂取のひかりとまふすは、阿弥陀仏の御こゝろにおさめとりたまふゆへなり。

（『親鸞全』三和―一六八・『聖典』五五三）

凡夫が、阿弥陀に摂取されていく有様を、凡夫の側からは回心といい、仏の側からは変成と示されている。まさしく、一闡提の阿闍世が救われていく有様であり、本願海に転入する様である。総序には「円融至徳の嘉号は悪を

転じて徳と成す正智」と、また「信巻」には「転悪成善の益」と示される。

親鸞教学において「転」には、「転入」と「転成」の二義がある。「然るに今方便の真門を出でて、選択の願海に転入せり」というのは、「転入」の意であり、「転悪成善」「転悪成徳」とはいわゆる「転成」の意である。

「転入」について言えば、「大経和讃」には、左訓に「ウツリイルトイフ」（『親鸞全』二讃―四一）と付す。「遷移」の意味である。転居、転任の意で、元の場所から新たな場所へ移ることである。したがって、元の方便から真実へと移り入ることとなる。「入」は帰入の義であり、通入、開入、回入等の意もこの中に含まれる。

三願転入における「転入」とは、従仮入真を意味し、親鸞の信仰体験を意味する特殊な用語である。つまり、十九、二十の方便の願から第十八願への転遷であり、自力の迷心から他力の願心に目覚めたところに「ここに久しく願海に入りて深く仏恩を知れり」（『親鸞全』一―三〇九・『聖典』三五六）という感激がある。

行からいえば、「久しく万行諸善の仮門を出でて、……善本徳本の眞門に回入して」（同）と、いわれるように、雑行から正行へ「ウツリイル」ことであり、信から言えば、「今特に方便の真門を出て選択の願海に転入せり。速やかに難思往生の心を離れて難思議往生を遂げんと欲ふ」（同）と、自力の信から他力の信へ「ウツリイル」ことである。したがって、行としての転入は、第十九願から第二十願への引入であり、また、信としての転入は第二十願から第十八願への引入である。

ところで、「回入」と「転入」についてであるが、三願転入の所では、十九願から二十願は「回入」とされ、二十願から十八願は「転入」の語が使われている。

しかし、「正信偈」に「凡聖逆謗斉回入」（『親鸞全』一―八六・『聖典』二〇四）といい、「文類偈」に「回入念仏真実門」（『親鸞全』二漢―一四四・『聖典』四一三）というように他力に帰入する意味で回入と使っている。「大経和讃」には「転入する」の左訓に「メクリイル」（再稿本）（『親鸞全』二讃―四一註⑨）とあることからも、親鸞は転入も回入も同じ意味で使っていたと考えられる。

ともあれ、転入とは、転遷、遷移の意であり、ここでは自力から他力への遷移を意味している。

ついで「転成」の意味について考えてみたい。親鸞の著作に「転成」の使用例はない。しかし、古来、上述の「転悪成善」「転悪成徳」を「転成」と示している。これらの根拠は、「行巻」所引の『楽邦文類』の、

還丹の一粒は鉄を変じて金となす。真理の一言は悪業を転じて善業となすと
（『親鸞全』一―八〇・『聖典』一九九）

や『五会法事讃』の、

能く瓦礫を変じて金と成さしむ
（『大正蔵』四七―四八一C）

にあると考えられる。

親鸞は『唯信鈔文意』に、

「能令瓦礫変成金」といふは、能はよくといふ、令はせしむといふ。瓦はかわらといふ、礫はつぶてといふ。変成金は、変成はかへなすといふ、金はこがねといふ、かわら・つぶてをこがねにかえなさしめむがごとしと

たとへたまへるなり。れうし・あき人さまぐ〳〵のものは、みないし・かわら・つぶてのごとくなるわれらなり、

（『親鸞全』三和―一六八・『聖典』五五三）

といい、さらに、

過去・今生・未来の一切のつみを転ず、転ずといふは善とかへなすをいうなり(1)

（『親鸞全』三和―一五九・『聖典』五四八）

と、釈す。このことからすれば、転成は「カヘナス」つまり変成であり、転変の意味となる。その意味では、「信巻」に引かれる『論註』の木火の譬え、つまり、

譬えば火、木より出でゝ、火、木を離るることを得ざるなり、木を離れざるをもってのゆえにすなわちよく木を焼く、木、火のために焼かれて木すなわち火となるがごときなり

（『親鸞全』一―一四〇・『聖典』二四二・『論註』『真聖全』一―三〇一）

も転成である。

されば、転入も転成も他力への入信を表現しているのであるが、それを、「転入」は転移であるから機の立場から表現し、「転成」は、変成、転変であるから法からの得益を表現したものと見ることができる。他力による救済

について、機における入信を表現し「転入」といい、法の自然の利益を「転成」と示しているのである。

第二節　「海」の譬え

ところで、親鸞は、転入、転成いずれも海で譬えている。「化巻」では「選択の願海に転入す」とか「ここに久しく願海に入りて深く佛恩を知れり」といい、「正信偈」にも「帰入功徳大宝海」「開入本願大智海」といい、多くは海に譬えられる。特に「行巻」他力一乗海釈においては、

海と言うは久遠よりこのかた凡聖所修の雑修雑善の川水を転じ逆謗闡提恒沙无明の海水を転じて本願大悲智慧真実恒沙万徳の大宝海水と成る、これを海のごときに喩うるなり、良に知りぬ『経』に説きて煩悩の氷解けて功徳の水と成ると言へるがごとし。

（『親鸞全』一―七八・『聖典』一九八）

といい、これを「正信偈」には、「凡聖逆謗斉回入　如衆水入海一味」（『親鸞全』一―八六・『聖典』二〇四）という。

また、「高僧和讃」（初稿本）には、

衆悪の萬川帰しぬれば　功徳のうしほに一味なり

（『親鸞全』二讃―九六・『聖典』四九三）

煩悩の衆流帰しぬれば　智慧のうしほと転ずなり

（『親鸞全』二讃―九七）

と『浄土論註』の、

海の性の一味にして衆流入れば必ず一味となりて海の味彼に髄いて改まざるがごとしとなり

（『真聖全』一―二八七）

に基づいて詠じ、さらに「正像末和讃」には、

弥陀の智願海水に　他力の信水いりぬれば
真実報土のならひにて　煩悩菩提一味なり
われらこゝろとほとけのおむこゝろとひとつになるとしるへし（草稿本）
あんらくしゃうとにむまれぬれはあくもせんもひとつあちわいとなるなり（初稿本）

（『親鸞全』二讃―一四八・『聖典』五〇二）

弥陀智願の広海に　凡夫善悪の心水も
帰入しぬればすなわ〔は〕ちに　大悲心とぞ転ずなる
さま〴〵のみつのうみにいりてすなわちしほとなるかことく　せんあくのこゝろのみつみなたいひのしむになるなり（初稿本）
あくの心せんとなるをてんするなりといふなり（文明開板本）

（『親鸞全』二讃―一七八・『聖典』五〇三）

と重ねて詠う。ここでは、転ぜられるものとして、「凡聖所修の雑修雑善の川水」と「逆謗闡提恒沙无明の海水」を挙げ、成ずるものとして、「本願大悲智慧真実恒沙万徳の大宝海水」とする。そして、経釈（『往生要集』・『摩訶止観』か）から「煩悩の氷解けて功徳の水と成る」を引用して、「煩悩の氷」が転じて「功徳の水」と成る、氷と水に譬える。これは「高僧和讃」に、

罪障功徳の躰となる　こほりとみづのごとくにて
こほりおほきにみづおほし　さわりおほきに徳おほし
（『親鸞全』二讃―九六・『聖典』四九三）

と、いずれも海ないしは水によって譬えている。そして、

願海は二乗雑善の中下の屍骸を宿さず。いかにいわんや人天の虚仮邪偽の善業雑毒雑心の屍骸を宿さむや。
（『親鸞全』一―七八・『聖典』一九八）

と、親鸞は海に同一鹹味《かんみ》と不宿屍骸の徳を挙げ、本願の世界を譬えている。「衆悪の万川」が、同一鹹味と不宿屍骸の海に転入し、転成していくとするのである。しかも、煩悩を失わずして、つまり、「つみをけしうしなわずして」（『唯信鈔文意』）念仏の功徳の相に転じていくのである。

まさしく、雑修雑善、そして難治の三病（謗大乗、五逆罪、一闡提）を屍骸に譬え、海の徳によってそれが、大善大功徳に転じていくこと、つまり、本願による転悪成徳、転悪成善の益が示されていると考えられる。もちろん、

阿闍世に重ねあわされた無明煩悩の愚禿親鸞自身が、本願によって功徳大宝海に転入していくことを述べているのであり、しかも、「われらこゝろ」「われら凡夫」としてそれが普遍化されていることは言うまでもない。

第三節　不断煩悩得涅槃

罪障が功徳の体となるとは、「正信偈」で言うところの「不断煩悩得涅槃」である。聖道の「断惑証理」の「断」に対して、今、親鸞は「不断」という（次に挙げる『論註』の記述からすれば、「得涅槃分」というべきであるが、親鸞は七言にそろえるためか、あえて「得涅槃」という）。出典となる『浄土論註』では「荘厳清浄功徳成就」を述べる中、上に引用した海性一味の前に、「煩悩を断ぜずして涅槃分を得、いずくんぞ思議すべきや」（『真聖全』一―三一九）とあり、それに基づいていることはいうまでもない。したがって、「不断」とされるものは煩悩であり、得るものは「涅槃」つまり大功徳である。このことからすれば、「不断」とは上述の「転」と同様の意味で使われている。機の立場から言えば不断であり、法の利益から言えば「転」である。

一方、散善は廃悪修善と示される。これに対して、転悪成善といえば、「転」は「廃」に対する言葉でもある。自力による廃悪修善の限界を信知して、本願によって罪悪は「けしうしなわずして」善に転ぜられていくのである。前出の「正像末和讃」の左訓には「あくの心せんとなるをてんするなりといふなり」と釈する。このことを親鸞は『入出二門偈』に、

煩悩成就せる凡夫人　煩悩を断ぜずして涅槃を得しむ

則ちこれ安楽自然の徳なり　淤泥華といふは『経』に説ひて言はく
高原の陸地に蓮を生ぜず　卑湿の淤泥に蓮華を生ず
斯は凡夫煩悩の泥の中に在りて仏の正覚の華を生ずるに喩ふるなり
これは如来の本弘誓不可思議力を示す

（『親鸞全』二漢―一二一・『聖典』四六四）

と述べる。煩悩を断ずるのでもなく、廃するのでもなく、逆に救われがたき自身の無根の信を自覚したとき、「如来の本弘誓不可思議力」、つまり他力自然の徳によって救われていくということである。煩悩と涅槃は別のものである。しかし、本願のはたらきで凡夫の体を失わずして涅槃を得るというのである。しかも、このことは「煩悩即菩提」「生死即涅槃」と「即」の言で示される。されば、ついで「即」の意味を考えてみたい。

第四節　「即」と「自然」

「即」の論理は大乗仏教を貫くものである。この矛盾的相即を鈴木大拙は、「即非の論理」と名づけ、霊性的自覚の論理として詳説したことは周知のとおりである。(2)
もちろん、それは空縁起の思想に基づいて、対立、否定、一致をあらわすものであり、知的理解から信による領解への転換によるものである。すなわち、対象的立場から主体的に本願に帰入することによって結果的に得られる立場である。

大乗仏教における「即」について、中山延二は『矛盾的相即の論理』で、即は否定を媒介とするということである。即ち、色即是空・空即是色といわれているように、或は有即無、無即有とか乃至生死即涅槃といわれているように、それは矛盾したもの、互いに否定しあったものが互いに否定を媒介として即ち矛盾を媒介として結びついているということでなければならない。しかも、否定を媒介としたものの結合はいうまでもなく対象論理的に単なる結合ということではなく、それは、結合即分離・分離即結合的に矛盾的相即でなければならない。即ち縁起的でなければならない。それが仏教本来の論理というものである。(3)

という。否定・矛盾を媒介として結びつくとはいかなることか。

思うに、ここでの否定は、いわゆる絶対否定であり、その絶対否定によって主体の方が転じているのである。煩悩の身のままであり、生死の只中である。しかし、主体が転じているので、状況は同じでも菩提を得、涅槃の楽果を得ているのである。苦の現実にありながら、絶対否定によって自我が砕かれると、事実を事実のままに肯定できるのである。ありのまま、すなわち如実を知見すると、自我が砕かれる。それが妄想であったと知らされる。対象的な状況は変わっていないが、主体的に自身（機）が転換（回心）している。だから、法の側から言えば苦即楽、煩悩即菩提である。

ところで、「即」は、上に述べたように、煩悩即菩提の即、つまり、「そのまま」という意味と、もう一方では、即得往生の即、つまり「ときをへず、ひをへだてぬ」という意味、あるいは「くらゐにつく」という意味でも使われている。両者を果と因つまり、縁起を自覚した結果のみならず、その主体的転換の過程もまた、「即」の言で示される。『大経』には「即得往生　住不退転」といい、龍樹は「即時入必定」といい、さらに曇鸞は「入正定聚之数」という。

すなわち、「行巻」では、

『経』には即得と言へり、『釈』には必定と云へり。即の言は願力を聞くに由って報土の真因決定する時剋の極促を光闡せるなり。

（『親鸞全』一―四九・『聖典』一七八）

といい、「信巻」の信の一念釈でも、

一念はこれ信楽開発の時剋の極促を顕し広大難思の慶心を彰すなり、

（『親鸞全』一―一三六・『聖典』二三九）

といい、また「行巻」で、

ここをもって龍樹大士は即時入必定と曰へり、曇鸞大師は入正定聚之数と云へり

（『親鸞全』一―六八・『聖典』一九〇）

と述べる。ここから親鸞は、

「即得往生」といふは、即は、すなわちといふ、ときをへず、日おもへだてぬなり。また即はつくといふ、そ

のくらゐにさだまりつくといふことばなり。
（『一念多念文意』・『親鸞全』三和―一二七・『聖典』五三五）

と、説く。

このように、「即」に即時、即位の意味を見出し、本願を自覚すること、つまり因もまた「即」で示す。このことは、因である信の一念に果の「即」が決定されていることを示すものである。この道理を親鸞は、

定散自力の称名は　果遂のちかひに帰してこそ
をしえざれども自然に　真如の門に転入する
（『親鸞全』二讃―四一・『聖典』四八四）

といい、さらに、

信は願より生ずれば　念仏成仏自然なり
自然はすなはち報土なり　証大涅槃うたがはず
（『親鸞全』二讃―一一八・『聖典』四九六）

という。つまり、自然法爾の境地である。即時に、即位して、生死即涅槃の世界を証するのであり、自然に、自然の浄土に往生するのである。法の至徳として絶対的な転悪成善の利益により、善悪浄穢の対立を超えているから、相対的な自力の改転は必要としない。教えざれども自然に、平等一味の他力一乗海に帰入するのである。

今、このことを『歎異抄』の表現をかりて述べてみたい。後序においては「自身はこれ現に罪悪生死の凡夫、

……」という我が身の事実と「弥陀の五劫思惟の願をよく〳〵案ずれば、ひとへに親鸞一人がためなりけり」（『親鸞全』四言―三七・『聖典』六四〇）という矛盾する自覚が同時に成り立っている。

また、第十五条においては、

おほよそ、今生においては煩悩悪障を断ぜんこと、きはめてありがたきあひだ、（略）弥陀の願船に乗じて生死の苦界をわたり、報土のきしにつきぬるものならば、煩悩の黒雲はやくはれ、法性の覚月すみやかにあらはれて、尽十方の无碍の光明に一味にして、一切の衆（生）を利益せんときにこそ、さとりにてはさふらへ。
（『親鸞全』四言―二八・『聖典』六三六）

という。自力無効の自覚という絶対否定から、煩悩を断ぜずして、「他の善も要にあらずと」善悪を超えた絶対肯定に立つ。それが尽十方の無碍の光明に一味となっていくことである。この絶望と歓喜、絶対否定と絶対肯定、この両者が「即」として成り立つ根源が「自然」と表現されているのである。

阿闍世自身に徹底した自己否定が経験され、その究極に罪悪生死の凡夫つまり、伊蘭子であることを知らされた。その否定が、すなわち如来との出遇いであり、本願の働きの中にある阿闍世自身の救済の自覚である。しかし、阿闍世はどこか別の世界へ行って救われたのではない。その場所つまり、伊蘭林で救われているのである。生死を出でて涅槃に至るのであるが、生死界を捨てるのではない。世俗の中にありながら、つまり、日常的世界から他の特別な世界へ行くのではなく、日常のままに栴檀の香木となって救われているのである。奇跡を起こして不死身になるのではなく、逝くままに救われているのである。これが、生死即涅槃である。これを今、親鸞は我が身一人の上に見、そのまま全人類の救いの道理として普遍化したのである。この「即」と「転」で示されることこそが親鸞の救済の内実である。まさしく、それが真宗を「大乗の至極」といわしめる所以である。

註

（1）『真宗法要』本、には「過去・今生・未来の一切のつみを善に転じかへなすといふなり。転ずといふは、つみをけしうしなはずして善になすなり」（『真聖全』二―六二三）とある。
（2）秋月龍珉「即非の論理（Ⅰ）（Ⅱ）」（『禅学研究』第四六、四七号、花園大学、一九五六、五七年）参照。
（3）中山延二『矛盾的相即の論理』（百華苑、一九七四年）二四頁。

付　章　「信心仏性」と阿闍世の救い

第一節　「仏性」について

親鸞は『教行信証』「信巻」において、『涅槃経』「獅子吼品」の「大信心はすなはちこれ仏性なり」（『大正蔵』十二―五五六）の経言を引用し、また『浄土和讃』では、

大信心は仏性なり　仏性すなはち如来なり

（『親鸞全』二和―五七・『聖典』四八七）

といい、『唯信鈔文意』においては、

この心すなわち大菩提心なり。大慈大悲心なり。この信心すなわち仏性なり、すなはち如来なり。

（『親鸞全』三和―一七五・『聖典』五五五）

とか、

この心に誓願を信楽するがゆへに、この信心すなはち仏性なり、仏性すなわち法性なり。法性すなわち法身なり。

（『親鸞全』三和―一七〇・『聖典』五五四）

と述べ、独自の立場から信心が仏性であると説く。しかも、それが、特にこの『唯信鈔文意』の中で多くが語られているということは、「唯信」の特筆すべき課題であることを物語っている。

仏性については仏教の長い歴史の中では、有仏性・無仏性などさまざまに論じられてきた。また、親鸞の信心仏性についても理解する側の背景の違いからこれまた、さまざまな理解がされてきた。今、親鸞の信心仏性の教義確立の背景とその事証として「信巻」における阿闍世の救いのあとをたどってみたい。

仏性の原語は buddha-dhātu、あるいは buddha-gotra であり、仏になる土台、仏になる因種、本性、因性という意味を持つ。またこれと同じ意味をもつものに、tathāgata-garbha 如来蔵、つまり自分の中に如来になるものを宿しているということを意味している言葉がある。そして、人間には、その仏性、如来蔵を自分の中にもっている者と、いない者がいるという。それを持っていない者を一闡提（icchantika）といい、断善根、信不具足と漢訳され、成仏できないとされている。

そして、あらゆる衆生が、すべて仏性、如来蔵をもっていて等しく仏になれるという考え方（『涅槃経』『勝鬘経』など）と、逆に、多くの衆生の中には仏性を持たないものもいるという考え方（『解深密経』『楞伽経』など）があった。

ところで、この仏性について、四、五世紀ごろインドで成立した『宝性論』（Ratnagotra-vibhāga）にそのことが明快に論じられており、小川一乗は『宝性論』の、如来そのものは三種の身（法身、受用身、変化身）によって顕わされたものである。それ故に、如来性（仏性）はそれらを得るための因である。(1)

を引用して、「仏性とは、「如来になる可能性」としての「仏を得るための因」という意味である」と解する。そして、

漢訳語の上から単に「仏の本性」といった意味で理解されるとき、「仏の本性」とは涅槃であるとか、解脱であるとか法身であるとか……といった解釈に流されていくのである。(2)

と述べる。そして、『宝性論』には、「悉有仏性」について、

①仏の智慧が有情たちの中に働いているが故に、
②本性としての無垢なるかの真如が不二平等であるが故に、
③物の種姓においてその果（仏）が仮説されるが故に、

すべての人々は仏蔵（如来蔵・仏性）を有すると説かれるとし、①を如来の法身が遍満している義、②を如来の真如が無差別である義、③如来の種性が存在する義と説明する。そして、③について二種に分け、真如そのものと、聞と思とを縁として新たに修得完成された種姓としている。(3)

つまり、『宝性論』によれば、一切の衆生が仏性を持っているということは、我々有情が、悪業煩悩の身であっても、平等に仏になるべく願われており、今、現に仏の智慧と慈悲に包まれているということをあらわしているということである。したがって、我々に仏性があるということは、結局は、仏の側からの働きかけによるものであり、我々が聞思することにより至り届いたものであると理解されている。すなわち、我々に仏性があるということは、仏の智慧と慈悲に包まれているということに気づき、仏心、願心を自覚していくことに他ならない。

ところで、このようにインド仏教のあらゆる衆生に等しく、仏性、如来蔵が有るとする立場は、中国仏教においてさまざまに論じられ、仏性、如来蔵がない一闡提の存在を認める立場、さらには、あらゆる衆生、有情、すなわち人間をはじめとするすべての動物、さらには、非情なる草木、土石までも、仏性をもっていると考えられた。三論宗の吉蔵（五四九〜六二三）、華厳宗の法蔵（六四三〜七一二）、天台宗の湛然（七一一〜七八二）らの主張は、草木礫塵にまですべて仏性があり、等しく成仏するといいうるものであるというものである。

そして、それは日本仏教にも伝えられ、日本古来の自然崇拝とも重なり、最澄（七六七〜八二二）や空海（七七四〜八三五）も草木国土一切に仏性が具足するとしている。また、一闡提の存在を認める法相宗の徳一（八世紀〜九世紀）と草木国土一切に仏性があるとする最澄の論争はよく知られている。

親鸞においても、『唯信鈔文意』（真宗法要本・真宗仮名聖教本）に、

仏性すなわち如来なり。この如来微塵世界にみちみちてまします。すなわち、一切群生海の心にみちたまへるなり。草木国土ことごとくみな成仏すととけり。（『真聖全』二―六三〇）

と、述べている。道元（一二〇〇～一二五三）もまた、『正法眼蔵』において、

草木国土これ心なり。心なるがゆえに衆生なり。衆生なるがゆえに有仏性なり。
（岩波文庫・上―三三二）

と述べている。ただし、親鸞の場合、後述するが、草木国土に本来的に種としての仏性があるのではなく、微塵世界の一切群生海の心に如来が遍満していてそれが人と同じように草木国土にも届いているという意味である。

第二節　親鸞における「仏性」

さて、親鸞においては『涅槃経』の「一切衆生悉有仏性」の文を「信巻」「真仏土巻」に引用し、また、『唯信鈔文意』では、「草木国土ことごとくみな成仏すととけり」といい、さらに「愚禿悲歎述懐」和讃の「心性もとよりきよけれど」と述べていることから、あらゆるものに仏性があるとも述べている。一方、「愚禿悲歎述懐」和讃では、「真実の心はありがたし」とか「清浄の心はさらになし」とも述べ、また、「無有出離之縁」などの機の深信の表現などから、真実即ち仏性がまったくないかのごとき表現もある。このことから、人間がもともと持っている本具の仏性をめぐってそれを徹底して否定する無仏性の立場とそれをあくまで肯定する有仏性の立場が対抗して論じられてきた。もし、前者の立場に立てば、阿弥陀の本願力は因としての仏性に対する単なる縁でしかないことになり、「一事として回向成就にあらざることあることなし」とする他力回向の立場と矛盾する。また、後者の立場に立てば、もしも、本具仏性を認めないならば、因なくして成仏という果が生ずることとなり、因果の道理に合わな

いことになる。さらには、その両者の矛盾を超えるべく、真如を弥陀に限り、一切衆生に仏性ありというのは、弥陀所証の真如の遍満であると説く、いわゆる遍満仏性説なども主張された。

しかし、親鸞は、「この信心すなはち仏性なり」といい、『涅槃経』の立場を独自に表現し、信心仏性を述べる。そして、その具体的事証を阿闍世の救いにみている。したがって、上述の所説は、机上の観念であり、親鸞が「信巻」で示すように、阿闍世の救いをとおして主体的立場から考えないと理解できない問題である。したがって次に阿闍世の救いの上に仏性を考察してみたい。

第三節　阿闍世の救いと「信心仏性」

「信巻」末巻の冒頭で、難治の三病として謗大乗、五逆罪、一闡提を挙げ、『涅槃経』によって阿闍世の救いを述べる。上述したが、「一闡提」とは、断善根、信不具足、極欲などと訳して成仏する因を持たないものをいう。今、『涅槃経』では、一闡提の阿闍世が「月愛三昧」によって救われていく。日輪に象徴される智慧の光明に対し、月光は慈悲を象徴する。罪濁の身を抱えつつ、業縁存在として生を営む一切衆生の救済は理を超えたものである。親鸞は今、月愛三昧に次の三義を挙げる。

（一）　譬ば月の光の能く一切の優鉢羅華をして開敷して鮮明なら令むるが如し。月愛三昧も亦是のごとし、能く衆生をして善心を開敷《ふ》せ令むるが如し。

（二）　譬ば月光の能く一切の路を行く之人の心に歓喜を生ぜ令むるが如し、月愛三昧も亦是のごとし、能く涅槃道を修習せむ者の心に歓喜を生ぜ令む。

（三）　諸善の中の王なり。甘露味と為す。一切衆生之愛楽する所なり。（『親鸞全』一―一六七・『聖典』二六一）

すなわち、月愛三昧とは、月光つまり、仏の大慈悲心が人間の内奥の善心（仏心）を開敷し、自我による流転から「悉有仏性」の涅槃道に修習されていくことである。しかも、その修習していくはたらきが「諸善の中の王なり」といわれるごとく仏の大慈悲心によるもので、人間からすれば、超越的、絶対的である。凡夫の悪心（凡心）が、そのまま仏の大慈悲心によって修習され、善心（仏心）に転ぜらていくことである。世尊は「阿闍世王の為に月愛三昧に入れり、三昧に入りて大光明を放」（『親鸞全』一―一六六・『聖典』二六〇）ち、「阿闍世王の為に涅槃に入らず」（『親鸞全』一―一六五・『聖典』二五九）とは、如来の智慧（諸善の王）が智慧のはたらきとして娑婆界に現成することを意味しているのである。今、その現成を『唯信鈔文意』に次のように示される。

涅槃おば滅土といふ、無為という、……仏性といふ、仏性すなわち如来なり。この如来、微塵世界にみちみちたまへり。すなわち、一切群生海の心なり。この心誓願を信楽するがゆへに、この信心すなわち仏性なり。

（『親鸞全』三和―一七〇・『聖典』五五四）

と、示されている。そして、

涅槃界といふは、無明のまどひをひるがへして、無上涅槃のさとりをひらくなり。界はさかいといふ。さとりをひらくさかいなり。大涅槃とまふすに、その名無量なり。

（『親鸞全』三和―一七〇・『聖典』五五二）

と、遍満する如来の働きによって、無明がひるがえされ、超越的世界が現成することである。つまり、涅槃界とは、凡夫が転じて、そのまま（即）仏に成っている世界のことである。阿闍世が仏の大悲心によってそのまま涅槃界にいたることである。

さて、ここでの問題点は、「悉有仏性」と「一闡提」の関係である。『涅槃経』には「断善根」について「三世の因を断ず。ゆへに名付けて断と為す」（『大乗涅槃経』迦葉品、『大正蔵』一二―五七〇C）といい、さらに、

善男子、一切の無明、煩悩等の結は悉くこれ仏性なり。何を持っての故に、仏性の因なるが故なり。無明、行、及び諸の煩悩より善の五陰を得、之を仏性と名づく。

（『大乗涅槃経』迦葉品、『大正蔵』一二―五七一B～C）

と、説かれる。ここに「一切の無明、煩悩等の結は悉くこれ仏性なり」と三世の善の生起が断ぜられ、同時にそこに、生善根つまり、「悉有仏性」が有ると説く。そこでは、「一切の無明、煩悩等の結」の自覚、つまり絶対否定の自覚において、仏性が現成するというのである。一闡提の自覚とは、自我の延長として追い求めていくあり方が、「煩悩の結」と絶対否定されることであり、自我崩壊である。自力無効の自覚であり、地獄一定の自覚でもある。しかし、それがそのまま本願の救いの覚知である。絶対否定即絶対肯定である。一闡提の自覚即仏性の自覚である。そしてそれがいわゆる「未来仏性力の因縁」（同上）である。

しかるに、それをそのまま表す「阿闍世王の為に、涅槃に入らず」について、親鸞は「梵行品」を引用して「為

阿闍世」に、

かくのごときの密義、汝未だ解することあたわず。何をもってのゆえに、我、為と言うは一切凡夫、阿闍世は普くおよび一切、五逆を造る者なり。また、①為は、一切有為の衆生なり、我終に有為の衆生の為に、而して世に住せず。何を以っての故に。それ無為は衆生にあらざるなり。阿闍世とは、即ちこれ、煩悩等を具足せる者なり。②為は、即ち是れ仏性を見ざる衆生なり。若し仏性を見むものには、我終に為に久しく世に住せず。何を以っての故に、仏性を見る者は、衆生に非らざる也。阿闍世とは即ち是れ一切未だ阿耨多羅三藐三菩提心を発せざる者なり。乃至③為は名づけて仏性と為す。阿闍とは名づけて不生と為す。世は、怨に名づく。仏性を生ぜざるを以っての故に、即ち煩悩の怨生ず。煩悩の怨生ずるが故に、仏性を見ざるなり。煩悩を生ぜざるを以っての故に、則ち仏性を見る。仏性を見るを以っての故に、則ち大涅槃に安住することを得、これを不生と名づく。是の故に名づけて阿闍世と為す。善男子、阿闍は不生に名づく、不生は涅槃と名づく。

（『親鸞全』一―一六五・『聖典』二五九）

と、三義を述べる。すなわち、「為」を①「一切有為の衆生」、②「仏性を見ざる衆生」、③「仏性」と解釈し、「阿闍世」を「煩悩等を具足せる者」「一切未だ阿耨多羅三藐三菩提心を発せざる者」「不生」と見ている。そして「仏性を生ぜざるを以っての故に、即ち煩悩の怨生ず」、逆に「煩悩を生ぜざるを以っての故に、則ち仏性を見る」といい、そして「阿闍は不生に名づく、不生は涅槃と名づく」と阿闍即涅槃つまり、絶対否定即絶対肯定と文字どおり論理を超えた仏法不思議を述べる。まさに、このことが煩悩即菩提、仏凡一体の立場であり、大悲の願力による転成の論理である。この立場こそ、「無根の信」の阿闍世が救われていく月愛三昧の説く所である。

よって、親鸞は結して、

ここを以って、今大聖の真説に拠るに、難化の三機、難治の三病は、大悲の弘誓を憑み、利他の信海に帰すれば、これを矜哀して治す。これを憐愍して療したまう。たとえば、醍醐の妙薬の一切の病を療するがごとし。濁世の庶類、穢悪の群生、金剛不壊の真心を求念すべし。本願醍醐の妙薬を執持すべきなりと。

（『親鸞全』一―一八三・『聖典』二七一）

と説く。「阿闍世」の阿闍世たる不生の身で、救いの縁すらなき衆生が、その自覚のもとに、大悲の弘誓を憑み、利他の信海に帰すれば、救われていくというのである。一闡提と仏性の関係は、本願救済の自覚、つまり、如来回向の信、真実信海の用《はたらき》の上に見られるのである。その有様は摂取の心光として常に我を照らしているのであり、全世界に遍満しているのである。それこそ悉有仏性といわれる所以である。

ここに、他力回向の信が十方一切の衆生にはたらき、みなもれず、悉く救われていくのである。この立場を親鸞は、「この信心すなはち仏性なり」と表現したのである。

親鸞における信心とは、称名念仏において、如来選択の願心より発起するものであり、自己の罪悪生死の自覚と阿弥陀仏の摂取不捨のはたらきに対する覚醒を意味するものである。すなわち、親鸞の立場で言えば「地獄一定」の自覚と「往生一定」の自覚を「即一」として受け取る立場である。

今、親鸞が信心仏性であるというのは、阿闍と涅槃、煩悩と菩提、生死と涅槃が「即」の関係において成り立たしめる如来のはたらきそのものを言っているのである。すなわち、私は永遠に仏になれない存在でありながら、逆にそうであるからこそ、私はまさに仏に成りうる存在であるということである。仏に成れないという自覚が、遍満する仏の大悲心つまり、信心が仏性となって私が仏に成っていくのである。「いづれの行もおよびがたき身なれば、とても地獄は一定すみかぞかし」といいつ、「仏性すなわち如来なり。この如来微塵世界にみち〳〵てまします。すなわち、一切群生海の心にみちたまへるなり。草木国土ことごとくみな成仏すととけり」（『真聖全』二―六三〇）と、一切が救われていくことである。もともと煩悩具足の身でありながら、未来においてかならず救われると願われており、草木国土にいたるまですべてが、摂取の心光をこうむっていることを教えるものである。それは、ひとえに仏の側から言われたことであり、仏の側から見て仏凡一体である。

第四節　「唯除」の文と「信心仏性」

ところで、『無量寿経』では、第十八願文とその成就文に阿弥陀は十方のあらゆる衆生を救済するが、ただ、五逆罪を犯した者と正法を誹謗する者を除くと説かれ、また『観無量寿経』には、正法を誹謗するものについては触れられていないが、五逆罪を犯した者でも浄土に往生できると説かれている。

このことについて『浄土論注』では、五逆罪と謗法罪では、謗法罪の方が罪が重く、その人は仏法を否定するので救われないが、五逆罪を犯す者は、仏法に帰依して十念相続すれば、浄土に往生できるとする。これに対し、善導は、已造業と未造業に分け、本願唯除の文は、基本的には、五逆罪と謗法罪もいまだ罪を犯していない者について、それを犯さないように抑止するための教説であるとする。そして、すでに犯してしまった者については、回心して、懺悔するならば仏の大悲心によって、阿弥陀に摂取されて、浄土に往生すると説く。そして、親鸞は上のごとく、その例証を阿闍世の救いの上に見るのである。つまり、仏性即ち如来、「如来、微塵世界にみち〳〵て」、唯除の機である阿闍世が救われていったのである。ここに、親鸞は唯除の機であっても信心仏性によって成仏するとの確証を得ているのである。

法然においては、『選択集』に第十八願文を引用するにあたり、「唯除」の文を削除しており、それに、あまり注目していない。しかし、親鸞は、「信巻」で上述のごとく、ことさら注目し、さらに、『尊号真像銘文』で、

唯除五逆誹謗正法といふは、唯除といふはたゞのぞくといふことば也。五逆のつみびとをきらい、誹謗のおもきとがをしらせむと也。このふたつのつみのおもきことをしめして、十方一切の衆生みなもれず往生すべしとしらせむとなり。

（『親鸞全』三―七五・『聖典』五一二）

と解す。つまり、五逆も誹謗正法も重罪であることを明かしながらも、そのいずれの罪を犯すものもみな漏らさず往生せしめるということを示した経言であると解釈しているのである。したがって、『唯信鈔文意』には、

罪根深といふは、十悪五逆の罪人、謗法闡提の罪人、おほよそ善根すくなきもの、悪業おほきもの、善心あさきもの、悪心ふかきもの、かやうのあさましきさまざまのつみふかきひとを深といふ、ふかしといふことばなり。すべてよきひと、あしきひと、たふときひと、いやしきひとを無碍光仏の御ちかひにはきらはずえらばれず、これをみちびきたまふをさきとしむねとするなり。真実信心をうれば実報土にむまるとをしえたまへるを

浄土真宗の正意とすとしるべし。（『親鸞全』三和文篇―一六六・『聖典』五五二）

と釈している。

これを「正信偈」には、

凡聖逆謗斉回入　如衆水入海一味（『親鸞全』一―八六・『聖典』二〇四）

という。さらに、これを自ら『尊号真像銘文』に、

凡聖逆謗斉回入といふは、小聖、凡夫、五逆、謗法、無戒、闡提、みな回心して、真実信心海に帰入しぬれば、衆水の海にいりてひとつあぢわいとなるがごとしとたとえたるなり。これを如衆水入海一味といふなり。（『親鸞全』三和文篇―一八三・『聖典』五三二）

と釈す。つまり、凡聖逆謗闡提みな、回心つまり、自力をひるがえして他力に帰したならば、海一味の救済にあずかるというのである。

すなわち、上述のごとく、海の同一鹹味《かんみ》と不宿屍骸の徳を挙げ、難化の三機（謗大乗、五逆罪、一闡提）までが本願によって救われていくと説くのである。このことは、もちろん、阿闍世にオーバーラップされた無明煩悩の愚禿親鸞自身が、本願によって功徳大宝海に転入していくことを述べているのであり、しかも、「われらこゝろ」「わ

れら凡夫」としてそれが普遍化されていることはいうまでもない。

かくして、親鸞において、「唯除」とは、単なる排除の意味ではなく、五逆と謗法の罪の重さを知らせつつ、それでもなお、阿弥陀の大悲がそれらを漏らすことなく摂め取る抑止と摂取の両義をもっていることを、そこに読み取っているのである。

以上、仏性について『涅槃経』、そして『宝性論』に尋ね、そこから、親鸞のいう「大信心は仏性なり 仏性すなわち如来なり」(『唯信鈔文意』)の立場を、阿闍世の救いに確認してきた。それは、逆謗闡提を救わんとする仏の大悲のはたらきを月愛三昧として説かれる『涅槃経』の経意、そのものであり、抑止と摂取を意図する「唯除」の精神そのものでもあった。仏性とは、「この信心すなはち大慈大悲の心なり。この信心すなはち仏性なり、仏性すなはち如来なり」と、示されるがごとく、大慈大悲の心であって「この如来微塵世界にみち〳〵て」、「一切群生海の心にみちたまへる」ものである。それゆえ、阿闍世に代表される「われら凡夫」が、黄金に転成されていくのである。そして、その確かさが阿闍世によって証誠されているのである。それは、あたかも、月の光が闇夜に降り注がれているように、救われがたい暗き身に、大悲の願心が降り注ぎ、それ自体が仏に成る「性」となって、私がそのままで、救われていくことを意味している。永遠に救われるはずのない私が、そのまま誓願不思議によって救われていく、それこそが親鸞の「信心仏性」であり、「唯信」の根本である。

註

(1) Ratnagotravibhāga Mahāyānottaratantra-śāstra (Edited by E. H. Johnston, Patna, 1950) p 72, *ll.* 9~10〔小川一乗『仏性思想』(文栄堂、一九八二年)二五頁参照〕。

(2) 小川一乗『仏性思想』三三頁。

（3）Ratnagotravibhāga Mahāyānottaratantra-śāstra (Edited by E. H. Johnston, Patna 1950) I-27 〔小川一乗『仏性思想』三三頁参照〕。

むすび

本書では『唯信鈔文意』を考察し、選択本願の願意と唯信の意義を尋ねた。「唯信」とは、本書で親鸞聖人自らが述べるように「本願他力をたのみて自力をはなれたる」ことであり、回心そのものを意味していた。すなわち、ひとえに選択本願に帰して、自力を離れて他力に転入することであった。

また、「はじめに」でも述べたが、『唯信鈔文意』とは、聖覚法印の『唯信鈔』の単なる釈文ではなく、香月院深励師が述べるがごとく、『唯信鈔』に引用されている十文におよぶ「唯信の証文」の釈意であった。されば、『唯信鈔文意』とは、まさしく回心の証文の釈意を綴ったものであった。

思うに、『唯信鈔』の示唆によって、選択「本願のやう」を顕らかにした親鸞聖人は、第十七願諸仏称名の願に他力回向成就の大行の根本を見定めた。そして、第十七、十八、二願をその拠り所として、自力の来迎から他力の摂取へ、自力の三心から本願の三信心へ、衆生に具する仏性から如来回向の信心仏性へ、自利の真実から利他の真実への転入を説くものであった。

「あらはにかしこきすがた、善人のかたちをあらわすことなかれ、精進なるすがたをしめすことなかれとなり。そのゆへは「内懐虚仮」なればなり」との厳しい自覚に立って、「いし・かわら・つぶてのごとくなるわれら」が、「如来の御ちかひをふたごゝろなく、信楽すれば、摂取のひかりのなかにおさめとられまいらせて、かならず大涅槃のさとりをひらかしめたま」い、「よくこがねとなさしめむがごとしとたとへ」られるのである。文字どおり「能令瓦礫変成金」といわれる変成であり、転成である。「一切のつみを転ず、転ずといふは善とかへなす」ことであり、本願のしからしむるところ、すなわち「自然」である。

この体験こそが、回心であり、「回心といふは自力の心をひるがへしすつるをいふなり」と述べられる。

本書はまさしく宗祖親鸞聖人自身が学んだ回心の証文の釈意である。そして、文字のこころ、すなわち他力のこころも知らない、我らいなかの人々に対して、宗祖はたやすく回心させんとして本書を記されたのである。七百五十年を経た今日、改めてその祖意に心を打たれる。本書からの私の学びは、ほかならぬ宗祖自身の目覚め方の学びそのものであった。学解を先とする現代の知者は、「具縛の凡愚、屠沽の下類」の自覚のもとに「唯信」を信知するのみである。

ところで、近時、高齢社会の中で、生老病死の苦をいかに超えていくかが改めて大きな課題になっている。しかし、そのことは、釈尊や宗祖の懐いた課題そのものであり、古くて新しい課題である。ビハーラ運動といえども、それは、教化の実践についてのことであり、根本は真宗の回心と往生の問題である。我が身の老いや死を問う中で、現実的なところから具体的に、生死が課題になってきたとき、大般涅槃道、すなわち、往生の道が明らかになってくるのである。したがって、この『唯信鈔文意』もそのことを課題として読まなければ、単なる戯論に終るであろうし、逆に、そのことを我が身をとおして真摯に問い求めるとき、無明の闇に智慧の光明がさすであろう。願わくば、本文意をそのような姿勢で読み続けていくべきと思う。真宗の教えそのものがビハーラの理念であるが、とりわけ『唯信鈔文意』は、回心と往生の課題が的確に示されており、そのことを学ぶ最良の聖教と言えよう。

二〇一二年三月二十八日

著者識

『唯信鈔文意』（現代語訳）

＊現代語訳に当たって

・高田派専修寺蔵親鸞聖人真蹟本（正月二十七日本）にそって、現代語訳をした。
・漢文には、読み下し文を〔　〕内に添えた。
・題号及び証文に番号を付し、ゴチック体にした。
・意味を示す言葉には、分かりやすくするために、適宜「　」をつけた。

『唯信鈔文意』（現代語訳）

【一】**「唯信鈔」**というのは、「唯」は「ただこのことひとつ」という意味で、ふたつならぶことを嫌う言葉です。また、「唯」は「ひとり」という意味です。「信」は疑いのない心のことです。つまり、「真実の信心」であり、「虚《こ》仮《け》」を離れた心です。

「虚」は「むなしい」、「仮」は「かり」という意味です。「虚」は実でないことをいい、「仮」は真でないことをいいます。本願他力を憑《たの》んで自力を離れたること、これを「唯信」といいます。

「鈔」は、すぐれていることばを抜き出して集めるという意味の言葉です。また、「唯信」は、他力の信心のほかに余のことは習わないということです。それは、「唯信」という言葉自体が、阿弥陀の本弘誓願そのものを意味するからです。

【二】**如来尊号甚分明　十方世界普流行**
但有称名皆得往　観音勢至自来迎

〔如来の尊号は、はなはだ分明なり。十方世界に普く流行せしむ。ただ名を称するのみありて、みな往くことを得。観音勢至自ずから来り迎えたまう。〕（『五会法事讃』）

「如来尊号甚分明」。この文の意味は、まず「如来」というのは「無碍光如来」のことです。「尊号」というのは

「南無阿弥陀仏」のことです。「尊」は尊くすぐれていることです。「号」は仏になられた後の御名《みな》をいいます。「名」は、いまだ仏になっておられないときの御名をいいます。この如来の尊号は、不可称、不可説、不可思議で、一切衆生を無上大般涅槃に至らせる仏の大悲大慈が表された誓いの御名です。この仏の御名は、あらゆる如来の名号よりもすぐれています。なぜならこの御名が阿弥陀の誓願そのものを意味するからです。

「甚分明」というのは、「甚」は、「はなはだ」といい、すぐれているという意味です。「分」は「わかつ」ということ、よろずの衆生ごとにそれぞれ見分けるという意味です。「明」は「あきらか」です。十方一切衆生をことごとくたすけ導いてくださることがあきらかで、一人ひとり機に応じて見分けて救ってくださることが、すぐれているということです。

「十方世界普流行」というのは、「普」は、「あまねく」、「ひろく」、「際《きわ》なし」という意味です。「流行」は、十方微塵世界にあまねく広まって、人々にすすめ、行じさせるということです。ですから、大乗・小乗の聖人も、善・悪の凡夫も、みなともに自力の智慧では、大涅槃に至ることはできません。無碍光仏の表現が智慧の光ですから、この仏の智慧の海、つまり、智願海にすすめ入れられるのであります。それは、一切諸仏の智慧を集められたかたちを表現したものです。光明は智慧であると理解してください。

「但有称名皆得往」というのは、「但有」とは、ひとえに御名を称える人だけが、みな往生すると言われている言葉です。だから、「称名皆得往」というのです。

「観音勢至自来迎」というのは、南無阿弥陀仏は如来の智慧の名号ですから、この不可思議光仏の御名を信受して、憶念すれば、観音菩薩・勢至菩薩は必ず影のかたちに添えるがごとくましますということであります。この無碍光仏は、観音菩薩として出現され、勢至菩薩として示現されます。ある経典（『安楽集』所引の『須弥四域経』）には、観音菩薩を宝応声《ほうおうしょう》菩薩《ぼさつ》と名づけて、日天子《にってんし》と示されます。これは、無明の黒闇をはらわせるものです。また、勢至菩薩を宝吉祥《ほうきっしょう》菩薩《ぼさつ》と名づけて、月天子《がってんし》とあらわされます。生死の長夜を照らして、智慧をひらかせようとされるものです。

「自来迎」というのは、「自」は、「みずから」ということです。阿弥陀の無数の化仏、無数の化観音菩薩、化大勢至菩薩等の、無量無数の聖衆《しょうじゅ》、みずから、つねにときをきらわず、ところをも隔てず、真実信心を得た人に、添われて護られるがゆえに、「みずから」というのです。

また、「自」は「おのずから」といいます。「おのずから」というのは、自然《じねん》といいます。自然《じねん》というのは、「しからしむ」といいます。「しからしむ」というのは、行者がともかくもあらためてはからわないで、過去・今生・未来の一切の罪を転ずるということです。転ずるというのは、善と変え成すことをいうのです。求めなくとも、一切の功徳善根を仏の誓いを信ずる人に得させるので、「しからしむ」というのです。あらためて、はからわなければ「自然」というのです。誓願真実の信心を得た人は、摂取不捨の御誓いにおさめとられて、護られるので、行《ぎょう》人《にん》のはからいではありません。金剛の信心を得るゆえに憶念自然になります。この信心がおこることも、釈迦の慈父、弥陀の悲母のご方便によっておこるのです。このことは自然《じねん》の利益であると理解すべきです。

「来迎」というのは、「来」は浄土へ「きたらしむ」ということです。これは、つまり、「若不生者」のちかいをあらわす御法《みのり》です。穢土をすてて、真実報土に「きたらしむ」ということです。すなわち他力をあらわす御言葉です。

また、「来」は、かえるという意味です。かえるということは、願海に入ることによって、必ず大涅槃に至ることを「法性のみやこへかえる」というのです。法性のみやこというのは、「法身ともうされる如来」のさとりを自然にひらくときを、「みやこへかえる」というのです。これを真如実相を証すといいます。無為法身ともいいます。滅土に至るともいいます。また、法性の常楽を証すともいいます。このさとりを得れば、すなわち、大慈大悲がきわまって、再び生死海に還り入って、「普賢の徳に帰せしめる」といいます。この利益におもむくを「来」といいます。これを「法性のみやこへかえる」といいます。「迎」というのは、「むかえてくださる」といい、「まつ」という意味です。選択不思議の本願、無上智慧の尊号を聞いて、一念も疑うこころなきを真実信心というのです。金剛心とも名づけます。この信楽を得るとき、必ず摂取して捨てたまわざれば、すなわち、正定聚の位に定まります。このようなわけで信心がやぶれず、かたぶかず、みだれないので金剛の信心といいます。これを「迎」というのです。

『大経』には、「願生彼国　即得往生　住不退転」〔かの国に生ぜんと願ぜば、すなわち往生を得、不退転に住せん〕と説かれています。「願生彼国」は、かの国に生まれたいと願えということです。「即得往生」は、信心を得れば、すなわち往生するということです。すなわち、往生するということは、不退転に住することをいいます。不退転に住するということは、すなわち、正定聚の位に定まるといわれる御法《みのり》です。これを「即得往生」と申します。「即」は「すなわち」といいます。「すなわち」ということは、ときをへず、日をへだてないことをいいます。およそ十方世界にあまねく広まることは、法蔵菩薩の四十八大願の中に、第十七の願に、「十方無量の諸仏にわが名をほめられん、となえられん」と誓われた一乗大智海の誓願が成就されたことによられたものです。『阿弥陀経』の証誠護念のありさまにて明らかです。証誠護念の御心は、『大経』にも表されています。また、称名の本願が、選択の正因であることはこの悲願に表れています。この文の意味は思うほど十分に申すことができません。これによって推し量ってください。この文は、後善導といわれる法照禅師と申される聖人の御釈です。この和尚を法道和《か》尚《しょう》と慈覚大師はおっしゃっています。また、『伝』には、廬山の弥陀和尚ともいわれます。浄業和尚ともいいます。唐朝の光明寺の善導和尚の化身です。このようなわけで後善導ともいわれるのです。

【三】　彼仏因中立弘誓　聞名念我総迎来
不簡貧窮将富貴　不簡下智与高才
不簡多聞持浄戒　不簡破戒罪根深
但使廻心多念仏　能令瓦礫変成金

〔かの仏の因中に弘誓を立てたまえり。名を聞きて我を念ぜばすべて迎え来らしめん。貧窮と富貴とを簡《えら》ばず。下智と高才とを簡ばず。多聞と浄戒を持てるとを簡ばず。破戒と罪根の深きとを簡ばず。ただ廻心して多く念仏せしむれば、よく瓦礫を変じて金と成さんがごとくせしむ。〕（『五会法事讃』）

「彼仏因中立弘誓」、この意味は、「彼」は「かの」といいます。「仏」は「阿弥陀仏」で、「因中」は、法蔵菩薩と申されていたときのことです。「立弘誓」は、「立」は「たつ」といい、「なる」といいます。「弘」は「ひろし」といい、「ひろまる」といいます。「誓」は、「ちかい」といいます。法蔵比丘が超世無上のちかいをおこされて、ひろく、おひろめになるということです。超世は、余の仏の御誓いよりすぐれておられるということです。超は「こえている」ということで、「このうえなし」ということです。如来が弘誓をおこされたことは、『唯信鈔』に詳しく表されています。

「聞名念我」というのは「聞」は「きく」ということです。信心を表す御法《みのり》です。「名」は「御名」といいます。如来のちかいの名号です。「念我」というのは、ちかいの御名を憶念せよということです。諸仏称名の悲願に表されています。憶念は信心をえたるひとは、うたがいなきゆえに、本願をつねに思いいずる心の絶えないことをいいます。「総迎来」というのは、「総」は「ふさねて」ということです。「すべて」、「みな」という意味です。「迎」は「むかえる」といい、「まつ」といいます。他力を表すこころです。「来」は「かえる」といい、「きたらしめる」といいます。法性のみやこへ、むかえ率いれて、「きたらしめ」、「かえらしめる」という意味です。法性のみやこより、衆生利益のために、この娑婆界に来るゆえに、「来」を「きたる」というのです。法性のさとりをひらくゆえに、「来」を「かえる」というのです。

「不簡貧窮将富貴」というのは、「不簡」は「えらばず」、「きらわず」という意味です。「貧窮」は、貧しく困っている者のことです。「将」は「まさに」といい、「もって」といいます。「率いてゆく」という意味です。富貴は「富める人」、「よき人」という意味です。これらをまさにもってえらばず、きらわず、浄土へ率いてゆくということです。

「不簡下智与高才」というのは、「下智」は、智慧が、浅く、狭く、少ない者という意味です。「高才」とは、才能が豊かで学のある者のことです。これらの人々を選ばず、嫌わないということです。

「不簡多聞持浄戒」というのは、「多聞」は、「聖教《しょうぎょう》」を広く、多く、聞き信ずることです。「持」は「たもつ」という意味です。たもつというのは、習い学ぶことを失わず、散らさないことです。「浄戒」は、大小乗のもろもろの戒行のことであり、五戒、八戒、十善戒、小乗の具足衆戒、三千の威儀、六万の斎行、『梵網経《ぼんもうきょう》』に説かれる五十八戒、大乗一心金剛法戒、三聚浄戒、大乗の具足戒など、すべて道俗の戒品《かいほん》（戒律）をいいます。そして、これらをたもつことを「持」といいます。このようなさまざまな戒品をたもっている立派な人々であっても、他力真実の信心を得て、その後に真実報土に往生をとげることができるのです。自らの力でそれぞれの戒律を守ることによって積む善根、また、それぞれの自力の信心、自力の善根では、浄土に生まれることができないといわれています。

「不簡破戒罪根深」というのは、「破戒」は、上に記したところのよろずの道俗の戒品を受けて、破り捨てた者という意味です。これらを嫌わないということです。「罪根深」というのは十悪・五逆の悪人、仏法を謗《そし》ったものや一闡提《いっせんだい》（断善根）の罪人で、およそ善根の少ない者、悪業の多い者、善心が浅い者、悪心の深い者、このような罪深き、あさましい人を「深」といいます。それは、「ふかし」という言葉です。すべて、よき人、あしき人、尊き人、卑しき人を無碍光仏の御ちかいには、嫌うことなく、選ぶことなく、これを導いてくださることを先とし、むねとします。真実信心を得れば、実報土に生まれると教えてくださることこそ浄土真宗の正意とすると知るべきです。「総迎来」とは、すべての者を、みな浄土へ迎え、帰らせるといっておられるのです。

「但使廻心多念仏」というのは、「但使廻心」はひとえに回心しなさいという言葉です。「廻心」というのは、自力の心をひるがえして、捨てることをいうのです。実報土に生まれる人には、必ず金剛の信心がおこります。それを「多念仏」といいます。「多」は「大」の意味であり、「勝」の意味であり、「増上」の意味です。「大」は大きいということであり、勝は「勝れている」という意味です。あらゆる善に勝っているという意味です。増上はあらゆるものに勝れているということです。これはすなわち他力本願がこの上なく勝れているからであります。自力のこころを捨てるということは、それぞれ、さまざまな大乗・小乗の聖人、善悪の凡夫が、自分自身を「善し」と思う心を捨てて、わが身をたよりとせず、小賢《こざか》しく自分の悪い心を省みたりしないことです。そして、それは一途に具《ぐ》縛《ばく》の凡愚、屠沽《とこ》の下類が、無碍光仏の不可思議の本願と広大智慧の名号を信じれば、煩悩を具足しながら無上涅槃に至るということであります。「具縛」はよろずの煩悩にしばられているわれらです。「煩」は、身をわずらわすことです。「悩」は心を悩ますことです。「屠」はさまざまの生き物を殺し、切り裂く者のことです。これは、猟師のことです。「沽」はさまざまの物を売り買いする者です。これは商人のことです。これらを「下類」というのです。われらのことです。

「能令瓦礫変成金」というのは、「能」は、よくといいます。「令」は、「せしむ」といいます。「瓦」は「かわら」といいます。「礫」はつぶてといいます。「変成金」は、「変成」は、「かえなす」ということです。「金」は「こがね」という意味です。かわら・つぶてをこがねにかえなさしめるようなものだとたとえておられるのです。猟師・商人、さまざまの者は、みな、石・瓦・礫のようなわれらです。如来の御ちかいを、ふたごころなく信ずれば、摂取の光の中に摂め取られて、必ず大涅槃のさとりを開かせてくださることを、つまり、猟師・商人などがさとりを開いていくことを、石・瓦・礫などをよく黄金と変えさせていくようなものだとたとえておられるのです。摂取の光と申すのは、阿弥陀の御心に摂《おさ》め取ってくださるからであります。この文の意味は、思うほどには申し表すことはできませんが、おおかた申しました。深いところは、これらのことから推し量ってください。この文は慈愍《じみん》三蔵と申す聖人の御釈です。中国では恵日《えにち》三蔵といわれています。

【四】　極楽無為涅槃界　随縁雑善恐難生
故使如来選要法　教念弥陀専復専

〔極楽は無為涅槃の界なり。随縁の雑善恐らくは生じがたし。

故に如来、要法を選びて、教えて弥陀を念ぜしめて、専にしてまた専ならしめたまえり。」〕（『法事讃』）

「極楽無為涅槃界」というのは、「極楽」というのは、かの安楽浄土のことです。そこでは、いつもさまざまな楽しみがあって、苦しみが混じることもありません。その国を安養国ともいいます。曇鸞和尚はおほめになって安養と申すとおっしゃっています。また、『浄土論』には、「蓮華蔵世界」ともいわれています。「無為」ともいいます。「涅槃界」というのは、無明の惑いをひるがえして、無上涅槃のさとりを開く世界です。「界」は「さかい」といいます。さとりを開く「さかい」です。「大涅槃」をいい表すのにその名は無数にあります。全部詳しく申すことができませんが、いくつかその名をあげてみましょう。「涅槃」のことを、滅度といい、無為といい、安楽といい、常楽といい、実相といい、法身といい、法性といい、真如といい、一如といい、仏性といいます。仏性とはすなわち如来のことです。

この如来は、微塵世界に満ち満ちています。すなわち、一切群生海の心なのです。この心に誓願を信じるのですから、この信心は、すなわち、仏性です。仏性はすなわち法性です。法性はすなわち、法身です。法身はいろもなし、かたちもましまさず、しかれば、心もおよばれず。ことばも絶えています。この一如より、かたちをあらわして、方便法身と申す御すがたをしめして、法蔵比丘と名のられて、不可思議の大誓願をおこして、現れられた御かたちを、世親菩薩は、「尽十方無碍光如来」と名づけられました。この如来を報身と申します。誓願の業因に報われておられるので、報身如来と申します。報と申すは、「たねに報る」ということです。この報身から応化等の無量無数の身を現して、微塵世界に無碍の智慧光を放たれますので、それは、尽十方無碍光仏と申す光で、かたちもなく、いろもありません。無明の闇をはらい、悪業にもさえられません。だから、無碍光と申します。無碍はさわりがないということです。だから、阿弥陀仏は光明です。光明は智慧のかたちであると知るべきです。

「随縁雑善恐難生」というのは、「随縁」は、衆生がそれぞれの縁にしたがって、それぞれの心にまかせて、さまざまな善を修め、極楽に往生するためにそれを回向することです。すなわち、八万四千の法門のことなのです。これはすべて自力の善根ですから、真実の浄土には生まれることができないと嫌われるので「恐難生」といわれるのです。「恐」は、「おそれる」といいます。雑善や自力の善では真実の報土には生まれがたいのでそのようになるのを恐れるのです。「難生」は「うまれがたい」ということです。

「故使如来選要法」というのは、釈迦如来があらゆる善の中から、名号を選び取って、五濁悪時・悪世界・悪衆生・邪見無信の者に、お与えになったと理解すべきです。これを「選」といいます。「ひろくえらぶ」という意味です。「要」は「もっぱら」という意味で、「もとむ」といい、「ちぎる」ともいいます。「法」は「名号」です。

「教念弥陀専復専」というのは、「教」は、「おしえる」ということであり、「のり」ということです。それは、釈尊の教勅です。「念」は、心に思い定めて、ともかくも、あれこれとはたらかない心のことです。すなわち、選択本願の名号を、一向専修であれと、教えてくださる御《み》ことです。「専復専」というのは、はじめの「専」は、一行を修すべしということです。「復」は、「また」といいます。「重ねる」という意味です。したがって、また「専」というのは、重ねて一心なれということです。一行一心に専らであれということです。「専」は、「一」という言葉です。「もっぱら」というのは、「ふたごころなかれ」ということです。ともかくも、うつる心のないことを「専」といいます。この一行一心なる人を摂取して捨てたまわざれば、阿弥陀と名づけたてまつると、光明寺の和尚(『往生礼讃』)は、おっしゃいました。この一心は、横超の信心のことです。「横」は、「よこさま」といいます。「超」は「こえて」という。念仏はあらゆる法に勝れていて、すみやかに、たちまち生死海をこえて、仏果に至るがゆえに、超と申すのです。このことは、すなわち、念仏が大悲の誓願力であるからです。この信心は、摂取のはたらきがあるので、金剛心となります。これは、『大経』の本願の三信心です。この真実信心を、世親菩薩は、願作仏心とおっしゃっています。この信心は仏になりますと願うという心なのです。この願作仏心は、すなわち度衆生心です。この度衆生心というのは、衆生を船に乗せて生死の大海を渡らせる心なのです。この信心は、衆生を無上涅槃に至らせる心です。この心は、すなわち、大菩提心であります。また、大慈大悲心です。この信心は、すなわち、仏性です。すなわち、如来です。この信心を得ることを「慶喜」といいます。「慶喜」する人は、「諸仏と等しき人」と名づけられます。「慶」は、喜ぶといいます。信心を得て後によろこぶことです。「喜」は、こころのうちに、よろこぶこころが絶えず、いつも常にあることをいいます。得べきことを得てから後に、身にも、心にも、よろこぶという意味です。

信心を得た人を「分陀利華」（『観経』）といいます。逆に、このような信心の得がたきことを『経』（『称讃浄土経』）には、「極難信法」と説かれています。そのようなわけで、『大経』には、「若聞斯経　信楽受持　難中之難　無過此難」〔もしこの経を聞きて信楽受持すること、難の中の難、これに過ぎて難きはなけん〕と教えてくださっています。この文の意味は、「この経の教えを聞いて信ずることは、難しい中で、なお難しく、これより難しいことはほかにない」とお説きになったということです。釈迦牟尼如来は、五濁悪世にお出になって、この極難信の法を行じて、無上涅槃に至ると説かれました。そして、この智慧の名号を、濁悪の衆生にあたえたまうとおっしゃったのです。十方諸仏の証誠、恒沙如来の護念、ひとえに真実信心の人のためです。釈迦は慈父、弥陀は悲母です。われらの父・母は種々の方便を尽くして、無上の他力の信心を開き起こしてくださったと知るべきであります。およそ久遠の過去、つまり、三恒河沙の世を過ぎたはるか昔の諸仏の世から、仏の御許《みもと》において自力の菩提心をおこし、無数の善根を修めて、自力無効を信知して、今、願力に値《あ》うことができたのです。他力の三信心を得た人は、ゆめゆめ余の善根をそしり、余の仏聖を軽んじたりすることがあってはなりません。

【五】「具三心者　必生彼国」〔三心を具するものは、必ず彼の国に生ず〕（『観経』）というのは、三心を具えれば、かならず彼の国に生まれるということです。それで、善導大師は「具此三心　必得往生也　若少一心　即不得生」

〔この三心を具して必ず往生を得るなり。もし一心少《か》けぬればすなわち生ずることを得ず」（『往生礼讃』）とおっしゃっています。「具此三心」というのは、至誠心・深心・回向発願心の三つの心を具えなければなりませんという意味です。「必得往生」というのは、「必」は「かならず」といいます。「得」は、「うる」ということは往生を得るということです。「若少一心」というのは、「若」は「もし」といい、「ごとし」といいます。「少」は、「かくる」といい、「すくなし」といいます。一心がかけたならば生まれずということです。一心のかけるとは、信心のかけることです。信心をかくということは、本願真実の三信をかくことであります。『観経』の三心を得てのちに、『大経』の三信心を得ることを一心を得るといいます。したがって、『大経』の三信心を得ないことを、一心をかくと申します。この一心がかけたならば、真の報土に生まれることができないと申すのです。『観経』の三心は、定散二機の心です。定散二善を回して、『大経』の三信を得よと願う方便の深心と至誠心と理解すべきです。真実の三信心を得ることができないならば「即不得生」ということになります。「即」は「すなわち」といいます。「不得生」というのは、「浄土に生まれることができない」という意味です。三信かけるゆえに、すなわち報土に生まれることができないということです。雑行雑修して定機散機の人は、他力の信心がかけているので、多生曠劫をへて、他力の一心を得た後で浄土に生まれるので、ここでは、すなわち生まれずといわれているのです。もし胎生辺地に生まれても、五百歳を経、あるいは、億千万の衆生の中で、ときに、まれに一人、真の報土に進むといわれています。三信を得ることをよくよく心得えて、真実報土に生まれることを願わなければなりません。

【六】「不得外現　賢善精進之相」〔外に賢善精進の相を現ずることを得ざれ〕（『散善義』）というのは、外面に賢きすがた、善人の様相を現してはならない。また、精進しているような姿を示してはいけない。そのわけは、**内懐虚仮**〔内に虚仮を懐く〕つまり、内面にうそやいつわりの心を懐いているからです。「内」は、「うち」です。心の内に煩悩を持っているので、「虚」であり、「仮」なのです。「虚」は「むなしく」して、「実でない」ということです。「仮」は「かり」にして、「真でない」ということです。これらの意味は、上に示しました。この信心は、まことの浄土のたねとなり、みとなるべきもので、「いつわらず」、「へつらわず」、真実報土のたねとなる信心です。したがって、私たちは、善人にもあらず、賢人でもありません。「賢人」というのは、賢くてすぐれた人のことです。私たちは、精進の心もなく、懈怠の心のみにして、心の内は、むなしく、いつわり、かざり、へつらう心のみ、常にして、まことの心なき身であると知るべきです。『唯信鈔』に「斟酌《しんしゃく》すべし」といっているのは、ことのありさまに従って、よく考えなさいという言葉です。

【七】「不簡破戒罪根深」(『五会法事讃』)というのは、いろいろな戒を破り、罪深い人を嫌わない、つまり、捨てないということです。このことは、すでにはじめの方に申しました。よくよく御覧になってください。

【八】「乃至十念　若不生者　不取正覚」(乃至十念せん。もし生まれずんば正覚をとらじ)(『大経』)というのは、選択本願の文です。この文の意味は、「乃至十念」の名号を称える者が、もし、わが国に生まれないようなら、私は仏になりませんと、法蔵菩薩が誓われた本願のことです。「乃至」は上・下・多き・少なき・近き・遠き・久しきをすべてをおさめる言葉です。多念にとらわれる心をやめさせ、一念にとらわれる心をとどめさせるために、法蔵菩薩がお建てになった誓いなのです。

【九】「非権非実」というのは、法華宗(天台宗)の教えです。浄土真宗の教えではありません。聖道門の考え方です。その宗の人に聞いてください。

【十】「汝若不能念」(汝もし念ずるにあたはずは)(『観経』)というのは、五逆十悪の罪人、不浄説法のもの、病の苦しみに閉じ込められて、心に阿弥陀を念じることができなければ、ただ、口に南無阿弥陀仏と称えよと、お勧めになった教えです。これは、称名を本願と誓われたことを表しています。続いて**「応称無量寿仏」**（応に無量寿仏と称すべし）（『観経』）と述べられたのは、この意味です。「応称」は、「となうべし」ということです。

【十二】「具足十念称南无無量寿仏、称仏名故於念念中、除八十億劫生死之罪」（十念を具足して南無無量寿仏と称せしむ。仏名を称するが故に、念念の中に於いて八十億劫の生死の罪を除く）（『観経』）というのは、五逆の罪人は、その身に八十億劫の十倍の罪をもつことになるので、十返（遍）、南無阿弥陀仏と称えよとお念仏をお勧めになった経説です。一念、つまり一返（遍）の念仏で、八十億劫の十倍の罪を消せるものではありませんが、五逆の罪の重さを知らせんがためであります。「十念」というのは、ただ口に十返（遍）、念仏を称えよと申すのであります。

それで、選択本願には、「若我成仏十方衆生、称我名号下至十声、若不生者不取正覚」（若しわれ成仏せんに、十方の衆生、わが名号を称せん。下十声に至るまで、もし、生まれずば正覚を取らじ）（『往生礼讃』）というのは、阿弥陀の本願は、十声までの衆生でも、みな往生すると、知らせようとして「十声」といわれているのです。「念」と「声」とは、同じ意味であると理解してください。「念」を離れた「声」はありませんし、また、「声」を離れた「念」もありません。

この文の意味は、思うほど十分にはいい表すことができませんでした。真宗の教えをよく知っている人に尋ねてください。また、深いことは、これらの文で推し量って汲み取ってください。

南無阿弥陀仏

都から遠く離れたところの人々は、地理的制約で、仏法の言葉の意味もわからず、まったく無知であることを強いられています。ですから、容易に理解してもらえるようにと思い、同じことを何度も何度も、繰り返し、繰り返し書き付けました。心得のある人からすれば、おかしく思うでしょうし、あざけり笑うでしょう。しかしながら、そのような世間の人の謗りを顧みず、ただひたすら、仏法について知らない人が、理解しやすいようにと思って書き記したまでです。

康元二歳正月二十七日

愚禿親鸞八十五歳　書写之

『唯信鈔』（現代語訳）

＊現代語訳に当たって

・高田派専修寺蔵親鸞聖人真蹟信証本にそって、現代語訳をした。

・本書二十四頁の科文にしたがってゴチック体で見出しを付け、番号を付した

・意味を示す言葉には、分かりやすくするために、適宜「　」をつけた。

『唯信鈔』（現代語訳）

一　専修念仏

（一）　聖浄二門

さて、生死の迷いの世界をはなれて、仏道を習おうとおもえば、二つの道があります。一つには、聖道門であり、二つには浄土門です。

聖道門というのは、この娑婆世界にあって、修行して、功徳を積み、命終わらぬうちに悟りを得ようと励む道です。たとえば、いわゆる、真言宗を行ずる人たちはこの身のままで、仏の位に上ろうと思い、天台宗で『法華経』を勧める人たちは、この世で清浄な六根（眼・耳・鼻・舌・身・意）を得たいと願っています。

確かにこれは、仏教の本意にかなったあり方だとわかってはいますが、末法濁世ともなりますと、この身のままで、さとりを得ることは、何億人の中でも、一人もありえないことです。

このことからして、今の世において、この門に入って修行する人は、「この身このままでさとりにいたる」ということが難しいので、それに自ら嫌気がさして、怠けてしまったり、あるいは、はるか遠い未来に、弥勒仏がこの世に現れる五十六億七千万年後の夜明けを待ち望んだりしています。

そして、さらには後の仏がこの世に出られるのを期待したりして、長い年月生まれ代わり、死に代わり、生死流転の闇の雲に惑い続けることになるのです。

あるいは、わずかな人ではありますが、釈尊のおられた霊鷲山や観音菩薩の住むという補陀落の浄土を願い、また、あるいは、再び天上界や、この人間界に生れたいというささやかな果報を求め、それを望んでいる人もいます。そのご縁をもとうとする心がけはまことに尊いことですが、速やかにさとりを得ることは、不可能でむなしいことのように思われます。願うところは、まだ三界にとどまり、望むところは、まだ輪廻の報いの中にとどまることです。多くの修行を積み、深く智慧をめぐらしていながらどうしてこのような小報を望むのでしょうか。まことに、これは釈尊が入滅されてはるかに長い年月が過ぎ、また、仏教の理論が深くなり、解釈がむずかしくて、わずかな人にしかわからなくなってしまったからでしょう。

二つに浄土門といいますのは、この世での修行による善根功徳を仏に回向して、この次の生に浄土に生まれ、そして、浄土で菩薩行を具足して、仏になる道です。この道は末法の世に生きる凡夫に相応した道であり、まことに仏の手立ては巧みです。

ただし、この門はまた、二つの道筋に分かれています。一つには諸行往生で、二つには念仏往生です。

諸行往生といいますのは、父母に孝養を尽くしたり、師匠や年長者によく仕えたり、あるいは、五戒（不殺生・不偸盗・不邪淫・不妄語・不飲酒）や八戒（五戒に塗飾鬘舞歌観聴、眠坐高広厳麗床上、食非時食をしないことを加える）を保ち、あるいは布施行や忍耐を要する修行に努めたり、さらには、真言宗の三密の行法、つまり、身口意の加持や、天台宗の『法華経』所説の一乗の行業、つまり、六根清浄のためのさまざまな修行を行じたりして、浄土に往生したいと願うものです。これらはみな往生をとげないということではありません。一切の行はすべて浄土に往生するための行であるからです。ただ、これらは自らの行を励みて往生を願うがゆえに自力の往生と名づけられます。修行がおろそかになれば、往生はとげにくくなります。これは、彼の阿弥陀仏の本願ではありませんので、摂取の光明の照らすところではありません。

二つに念仏往生といいますのは、阿弥陀の名号を称えて、往生を願う道です。これは阿弥陀仏の本願にかなった方法ですから往生がまさしく定まった行業という意味で「正定業」と名づけられています。ひとえに、阿弥陀仏の願力に引かれますゆえ「他力の往生」と呼ばれます。

(二) 選択本願 そもそも名号を称えることが、どうして彼の仏の本願にかなうというのかといいますと、そのことのおこりは、阿弥陀如来がいまだ仏におなりになっていない昔、法蔵菩薩と申されていました。そのとき、世自在王仏という師の仏がおられました。法蔵菩薩はそのもとにあって、すでに菩提心をおこして清浄の国土を摂取して衆生を利益せんとのぞまれて、世自在王仏のみもとへ参って申されました。「私はすでに菩提心を発して、清浄の仏国を建立したいと思います。願わくば、仏よ、私のために、広く仏国を荘厳する無量の妙なる行業を教えてください」と。

そのときに、世自在王仏は二百一十億もの諸仏の浄土の人天の善し悪し、国土の優劣を悉くお説きになり、悉くこれを表現されました。法蔵菩薩はこれをお聞きになり、これを見られて、悪を選んで善をとり、麤をすてて妙を願ってとられました。たとえば、三悪道(地獄・餓鬼・畜生)のある世界を選びとらず、三悪道のない世界を願って、これをとられました。余の願もこれになずらえて心得てください。

このように二百一十億の諸仏の浄土の中より、すぐれたところを選びとりて、極楽世界を建立されました。そのすばらしさは、柳の枝に桜の花をさかせ、景勝地である伊勢の二見ヶ浦に駿河の清美ヶ関を並べたようなものです。そして、この世界を建立されたのは、一時の思いつきの思案ではなく、五劫というたいへん長い間の思惟(思索)によるものです。

このように、微妙《みみょう》で厳かな清浄な国土を設けたいと願って、重ねて思惟されました。国土（世界）を設けることは、衆生を導かんがためです。いくら国土がすばらしくても、衆生がそこへ生まれにくければ、仏の大悲大願の意趣に異なってしまいます。このことによって、往生極楽の別因を定めようとされたのです。一切の行はみなたやすくありません。父母に孝養する者を救おうとすれば、不孝者は救われなくなります。大乗経典を読誦するものを救おうとすると、文字を知らない者は救いを望めなくなります。布施や持戒を因とすれば、物惜しみする者や戒律を守れないものが漏れてしまいます。忍耐する者や努力精進する者を救おうとすると、怒り憎しんだり、怠ける者は救いから漏れてしまいます。余の一切の行はみなこのようなことになります。

そこで、法蔵菩薩は一切の善悪の凡夫を等しく仏の世界に生まれさせ、ともにその国へ生まれることを願わせるために、阿弥陀という三字の名号を称えることを、極楽に往生することの別因となさったのです。五劫のあいだ深くこのことを思惟（思索）し終えて、四十八の本願をお建てになりました。その第十七の誓いとして、すべての仏に我が名を讃め称えられたいという本願を発《おこ》されました。この願は深くこころえてほしい。名号ひとつで広くすべての衆生をみちびかんと思われたので、やむなく我が名をほめられようとお誓いになったのです。仏のみこころにどうして名誉を願われることがありましょうか。また、諸仏にほめられる何の必要がありましょうか。

法照禅師の『五会法事讃』に、

如来尊号甚分明、十方世界普流行、（弥陀の名号すぐれたり　普く十方世界にひろまれり）
但有称名皆得往、観音勢至自来迎　（称える者はみな生る　観音・勢至自ずと迎えます）

というのは、この意ではないでしょうか。

さて、次に法蔵菩薩は第十八に念仏往生の願を発して、十回念仏を称えた者をも浄土に往生させようと誓われました。よくよく考えますとこの本願ははなはだ深い意味があります。阿弥陀のみ名はわずかに三字ですから、もの覚えが悪くお釈迦さまの言葉の理解に苦労されたあのシュリハンドクでも覚えやすく、行住座臥を選ばず、時処諸縁をきらわず、また、在家、出家、男女、老少、善悪の人をも区別しません。だれがこの救いから漏れることがありましょうか。

これも、『五会法事讃』に、

彼仏因中立弘誓　聞名念我総迎来（彼の法蔵菩薩は因位のときに願を立て　我が名を聞き、我を念ずれば総て迎えにきたらしむ）
不簡貧窮将富貴　不簡下智与高才（貧窮、富貴を簡《えら》ばず、知恵なき者も知恵ある者も簡ばず）
不簡多聞持浄戒　不簡破戒罪根深（多聞で持戒の者も簡ばず、破戒で罪深い者も簡ばず）
但使廻心多念仏　能令瓦礫変成金（ただ回心してひたすらみ名を称すれば、よく瓦礫を変じて黄金と成さしめる）

と、いわれているのもこの意でしょうか。これを念仏往生というのです。

龍樹菩薩の『十住毘婆沙論』の中に、

仏道を実践するのに、難しい修行をする「難行道」と、お念仏を称えるやさしい道の「易行道」があります。難行道といいますのは、陸路を徒歩で行くようなものです。易行道といいますのは、海の路を順風の中、船で行くようなものです。難行道といいますのはさとりを得て不退転の位につくことですが、それは、末法の五濁の世にありましては、かなわないことだと思います。易行道といいますのは、ただお念仏を信ずる因縁ですから、浄土に往生します。

と言われています。難行道といいますのは「聖道門」です。易行道といいますのは「浄土門」です。

私が思いますのは、浄土門に入って諸行往生を努める人は、海路で船に乗りながら順風を得ないで、櫓を押して、力をいれて、潮路をさかのぼり、波間を漕ぎ分けているのにたとえられます。

(三)専雑二修　次に、この念仏往生の門について、専修と雑修の二つの道に分かれます。専修というのは極楽往生を願う心をおこし、本願に帰依する信をおこし、ただ念仏の一行をつとめて、まったく他の行を混じえないことです。他のお経を読んだり、神呪を唱えることなく、阿弥陀仏以外の仏や菩薩を念ずることもなく、ただ、一向に阿弥陀仏の名号を称え、弥陀一仏を念ずるこれを専修と名づけます。

雑修というのは、念仏を宗とするといえども、同時に他の修行もならべ行って、念仏以外の善根をも兼ねて積もうとするものであります。

この二つの中では、専修がすぐれています。その理由をいえば、ひとえに往生極楽を願うのでしたら、その国の教主である阿弥陀仏を念ずる以外に、どうしてほかのことが混じえられましょうか。いつ死ぬともしれないはかない電光朝露のいのち、芭蕉の泡沫のような身で、すべてはこの一生の勤めとその修し方にかかっていて、それによってたちまちに五趣(地獄・餓鬼・畜生・人・天)の迷いの世界を離れんとするのです。どうして、わざわざゆっくりと他の修行を兼ねる暇がありましょうか。諸仏・菩薩とのご縁を結ぶのは、浄土へ生まれた暁に、心のままに仏を供養する徳を得てからにすべきであります。また、大乗・小乗のさまざまの経典の意義や理論を知るのは、同じく、浄土に生まれた夕べに、百法の法門に明るくなるという徳を得てからにすべきであります。極楽浄土の一土を願い、阿弥陀の一仏を念ずる以外にその用はありません。

念仏の門に入りながらも、なお他の行を兼ねている人は、その考えをたずねてみますと、それぞれが昔に修行した本業にとらわれて、捨てがたいと思うからでありましょう。あるいは、天台宗の一乗止観行を実践したり、真言宗の身口意の加持である三密の修法を実践したりする人は、おのおのその行による善根功徳を仏に回向して浄土往生を願おうとする自力の心をあらためられず、念仏に並べてこれをつとめるのに、どこが悪いと思っているからでありましょう。

ただちに阿弥陀の本願にかなった易行の念仏をつとめないで、なお、本願に選び捨てられた諸行を並べて修することは無意味であります。これによって善導和尚はおっしゃいました。「専を捨て雑におもむく者は、千の中で一人も浄土に生まれず、専修の者は百人は百人ながら生まれ、千人は千人ながらみな浄土に生まれる」と。

『法事讃』に

極楽無為涅槃界　随縁雑善恐難生（極楽無為の涅槃界　所縁のままに雑善を積んでも恐らく往生しがたし）
故使如来選要法　教念弥陀専復専（それゆえ如来は念仏を選び取り　専ら念仏してを弥陀を念ぜよと教えたもう）

と説かれています。「随縁雑善（所縁のままの雑善）」と嫌うのは本業に執する心があるからです。

たとえば、宮仕えをするのに、主君に親しみ、その人を信じて一筋に忠節を尽くすべきでありますのに、それにもかかわらず、主君と親しみながら、一方ではかねてまた、主君とは疎遠で関わりのない人にも志を尽くして、その人に横から主君によく言ってもらおうと求めるようなものです。直接まじめに使えている人との善し悪しは明白であります。ふたごころがあるのと、一心であるのとはまさに天地の差があります。

これについて、世間の人は疑いをもちます。たとえば、一方では、念仏を毎日一万遍称えて、それ以外は昼間は一日中、遊び暮らし、夜は一晩中眠りこけている人もおれば、また、他方では、同じく念仏を毎日一万遍称えて、その後、経典をも読み、他の仏を念じている人もいます。どちらが勝れているでしょうか。『法華経』の「薬王品」には「即往安楽」といって阿弥陀の浄土への臨終引接を説く一節があります。それを読むのと遊び戯れているのと同じでしょうか。『薬師経』七には、八菩薩が臨終に浄土へ引導してくれると説かれています。これを念じているのと、むなしく眠っているのと、行っていることは似ていません。一方を専修とほめ、他方を雑修と嫌うのはどうも合点のいかないことです。

今またこれを案じるのに、なお、専修を勝れているとします。そのわけは、もとより、濁世の凡夫だからです。ことにふれてさわりが多くあります。弥陀はこれを鑑みて易行の念仏の道を教えてくださったのです。一日中、遊び戯れている者は、散乱増といって心の落ち着きのない人であります。一晩中眠りこけている者は睡眠増といって努力する気のない怠け者です。これらはみんな煩悩によってなせることです。やめることも、克服することも難しいことです。せめて、遊びおえたら念仏を称え、眠りがさめたら阿弥陀の本願を思い出すがよいでしょう。専修にそむくことにはなりません。

一万遍称えて、その後に他の経典、他の仏を念ずるのは、一見、巧みで感心なことに思えますが、念仏を誰が一万遍と定めましたか。精進する心根のある人は、一日中でも念仏を称えていたらいいでしょう。念珠を持てば阿弥陀の名号を称えるべきです。本尊に向かうならば、阿弥陀仏の尊像に向かうべきです。直ちに阿弥陀仏の来迎を待つべきです。どうして『薬師経』の八菩薩の引導を待つ必要がありましょうか。専ら阿弥陀仏の本願の引導をたのむべきです。また、わずらわしく法華一乗の霊験にたよるべきではありません。仏道を歩む行者の素質に上中下がありましょうか。このことを深く考えてください。わけもなく疑ってはなりません。ありません。上根の人は、寝てもさめても日暮し、念仏を申すべきです。どうして、他の仏を念ずる暇がありましょうか。このことを深く考えてください。わけもなく疑ってはなりません。

(四) 三心具足 次に念仏を申すときには、三心を具《そな》えなければなりません。ただ念仏を称えるだけでは、一念、十念の功を具えることはできません。それで、往生する者はきわめてまれです。それは、すなわち三心を具えていないからです。『観無量寿経』には「三心を具するものは必ず彼の国に生まれる」と説かれています。善導大師は、『往生礼讃』にこれを解釈して「この三の心を具えれば、必ず浄土へ生まれる。もし一心でもかけたならば浄土に生まれることはできない」と説いておられます。

三心の中の一つの心でもかけるなら、浄土に生まれることはできないというのです。世の中に阿弥陀の名号を称える人は多いけれども、往生する人の少ないのは、この三心を具えないからであると心得るべきです。

その三心というのは、一つには至誠心です。これは真実の心のことです。およそ仏道に入るには、まず、真実の心をおこすべきです。求道の心がまことでなければ、その道は進むのが難しくなります。阿弥陀仏が昔、法蔵菩薩であったとき、誓いを建て、菩薩行を行い、浄土を建立したのも、ひとえに、このまことの心をおこしたからです。これによって彼の国へ生まれんと思う人も、またまことの心をおこすべきです。その真実心とは、いつわりの不真実の心を捨てて、真実の心を表すことです。

誠実に、深く浄土を願う心もないのに、人に会うては、さも深く願っているかのように話したり、内心には深くこの世の名誉や利益に執着しているのに、外面では世を厭い、それを嫌っているかのようにしている人もいます。また、外面には善心の持ち主で尊き振る舞いをして、内面にはよからぬ心をもち、わがままな人がいます。こういうのを名づけて「虚仮のこころ」と名づけ、真実心と正反対の姿とします。このことから逆に真実心の意味するところを心得てください。

この心の意味を悪く解釈する人は、あらゆることがありのままでなくなると、虚仮になってしまうといって、はばかるべき恥ずかしいことをおおっぴらに人に示し、かえって破廉恥な罪を招いてしまうことになります。今、真実心というのは、浄土を求め、穢土を厭い、阿弥陀仏の本願を信ずることにおいて真実の心であらねばならないということです。必ずしも、恥じることを露《あらわ》にして言ったり、罪をそのまま示せというのではありません。ことにより、折にしたがって深く斟酌《しんしゃく》してください。

善導大師の『観経疏』には「不得外現賢善精進之相内懐虚仮」（外面には賢く善を積み、精進しているかのようにみせかけて、内に虚仮いつわりの心をもってはいけません）と、釈されています。

二つには深信というのは、「信心」です。まず信心の相を知るべきです。信心というのは深く人の言葉を信じて疑わないことです。たとえば、私のために、いかにもはぐらかすことのない、深い信頼をよせる人が、目の当たりにしてきたことを教えてくれて、「その所には山があり、あそこには川がある」と言ってくれたことを、深く信じた後で、他の人が、「それは違う、山も川もありはしない」といった場合、最初にいかにもうそいつわりをいわない人が言ったのだから、後に百人、千人のだれが言おうともそれを用いず、前に聞いたことを深く信じています。これを信心といいます。今、釈迦の諸説を信じて、弥陀の誓願を信じて、二心なきこともこのようでなければなりません。

今、この信心について、二種類あります。一つは、自分は罪深い生死に迷う凡夫で、はるか昔の過去から常に罪濁の海に沈み、常に流転してきた存在であり、とうてい、生死の迷いを超えるご縁すらないと信じることです。二つには、心に決めて阿弥陀仏の四十八願は、衆生を摂取してくださるのだと疑わず、その願力に乗托して、定めて往生することを得ると信じることです。

世の中の人は常にいいます。「阿弥陀仏の本願を信じないことはないけれども、わが身のほどを見てみると罪障の積もれることは多く、善心のおこることは少ないです。心は常に散り乱れて一心になることができません。わが身はいつまでたっても怠け者で、仏道を精進することができません。阿弥陀の本願がいかに深いからといってどうしてこの身を迎えてくれましょうか」と。

この思いは、一見まことに立派に思えます。驕《おご》りうぬぼれる心もなく、高ぶるこころもありません。しかし、仏の本願力を疑うという過失があります。

仏にどれほどに力がましますと知ってか、罪悪の身なれば救われがたいと思っているのでしょうか。五逆（父を殺し、母殺し、阿羅漢を殺し、仏身を傷つけ、僧伽を破壊した者）の罪人ですら、十声の念仏でたちまちに往生できるのです。いわんや五逆ほどの罪に至らず、しかも、十声に過ぎる念仏の功を積んでおれば、なおさら救われないはずがないのです。罪深いと思うならばいっそう極楽を願うべきです。『五会法事讃』にも「不簡破戒罪根深」（破壊の人も罪深い人も簡ばない）と言われています。善根が少なければ、ますます阿弥陀を念ずべきです。善導大師の『法事讃』には「三念五念仏来迎」（三声五声の念仏でも阿弥陀仏は来たり迎えてくださいます）と言われています。むなしく自分を卑下し、心を弱くして、仏智の不思議を疑ってはなりません。

たとえば、高い崖の下に人がいて、登ることができないとき、力の強い人が崖の上にいて、綱をおろして、この綱に摑《つか》まらせて私が崖の上に引き上げましょうと言うときに、引く人の力を疑い、綱が弱いかもしれないと危ぶんで、手を引っ込めてこれをとらなければ、いつまでたっても崖の上に上がることができないでしょう。ひとえにその言葉に従って、掌を伸ばしてこそ、登ることができるのです。

仏力を疑い、願力を頼まない人は、さとりの岸に上がることは難しいです。ただ信心の手を伸ばして誓願の綱をとるべきです。仏力は無限です。罪障深重の身を重しとはしません。仏智は無辺際です。心が散り乱れてわがままな者も見捨てることがありません。信心を要とすべきです。そのほか何一つ必要としません。信心が決定すれば、三心はおのずから具わります。本願を信ずることがまことであれば、虚仮のこころはありません。浄土を願って疑いがなければ、回向の思いが具わってきます。だから、三心はそれぞれ異なるように思えますが、みな信心に具わるのです。

三つに回向発願心というのは、その名の中に意味（義）を聞き取れます。あえて詳しく述べることはいらないでしょう。過去・現在の身・口・意の三業の善根をめぐらして、極楽に生まれたいと願う心です。

二　異義の批判

（五）　十念について

次に『大無量寿経』の本願の文に「乃至十念　若不生者　不取正覚」（十声念仏を称えた人でもし浄土に生まれない者があれば　私はさとりをひらくことはありません）と述べられています。今、この「十念」について疑念をいだく人がいて、法華（天台宗）では「一念随喜」（一念に喜ぶ）といえば、非権非実という深い境地に達したことをいいます。今、ここで十念というのも、どうして十返（遍）の念仏と理解するのでしょうか。もっと深い意味があるのではないでしょうか。

この疑いを解釈すれば、『観無量寿経』の下品下生の人の往生の相を説く所に「五逆罪を犯し、十悪をつくり、諸々の悪行をなす者でも臨終のときに至って、初めて善知識のすすめによって、わずかに十返（遍）の名号を称えただけで浄土に生まれる」と説かれています。このことは、さらさら静かに観じ、深く念ずることでもありません。ただ口に名号を称えることです。「汝若不能念」（汝もし念ずることあたわずんば）とあります。これも深く思念するということではないことを表しています。また、「応称無量寿仏」（まさ無量寿仏のみ名を称すべし）と説かれています。これも深く思念せよというのではなく、ただ浅く口に仏号を称えなさいと勧めておられるのです。

また、「具足十念、称南無無量寿仏、称仏名故、於念念中、除八十億劫生死之罪」(十声南無阿弥陀仏と称えれば、仏のみ名を称するが故に　一声一声の念仏の中に八十億劫の長い生死流転した間の罪も除かれる)と説かれています。十返(遍)と言われるのは、ただ称名の十返(遍)のことです。本願の文(乃至十念)もこれになずらえて理解してください。

善導和尚はこの意味を深くさとって『往生礼讃』に、本願の文の意味を取って、「若我成仏、十方衆生、称我名号、下至十声、若不生者、不取正覚」(もし私が仏になろうとするとき、十方の衆生のだれでも我が名を十声以上称えて、もし浄土に往生できなければ、私は正覚を取りません)と、述べておられます。すなわち、声というのは口に称えることを表しています。

(六) 臨終念仏について　次にまた、世の人がいうには、「臨終のときの念仏は、功徳がはなはだ深いということです。十声の念仏で五逆の罪を滅するのは臨終の念仏の力です。平生(尋常)のときに称える念仏にはこの力がありません」と。

これを考えるに、確かに臨終の念仏は功徳がことにすぐれています。ただし、経典に説かれているその意を心得るべきです。もし、人がいのち終わらんとするとき、あらゆる苦しみがその身に襲ってきます。正しく念ずることはできず、心は乱れやすくなります。そのときに、仏を念じたとて何ゆえに優れた功徳がありましょうか。

これを考えますに、病気が重くなって、死がせまって明日をも知れぬ危うい身になってきますと、信心はおのずからおこりやすくなってくるでしょう。今の世間の人の有様を見ていると、その身が健康なときは、医師も陰陽師(祈禱師)も信ずることはしないくせに病気が重くなってくると、それを信じて、この療法をすれば病が治るといえば、本当に治るように思って、苦い薬もなめ、痛い治療も受けます。もしこの祀りをすると命が延びるといえば、財宝も惜しまず、力を尽くしてこれを祀り、これを祈ります。このことは、つまり、命を惜しむ心が深いから、命が延びるといえば、深く信じる心がおきてくるのです。

臨終の念仏もこれになずらえて心得てください。命、一刹那（瞬時）に迫って、生きながらえることができないと思うと、死後の苦しみがたちまち想いおこされ、罪人を地獄に運ぶ火の車が現れ、それを行う鬼が眼に浮かび遮ります。どうしてこの苦しみをまぬがれ、恐れを逃れようかと思うに、善知識の教えによって十声の念仏で往生すると聞くと、深重の信心たちまちにおこり、これを疑う心はなくなります。ようするに、この時は、苦しみを厭う心が深く、楽しみを願う心が切実でありますから、極楽に往生すると聞くと信心がたちまちにおこります。命が延びると聞いて、医者や陰陽師（祈禱師）を信じるようなものです。もし、この心ならば、最後の刹那に至らずとも、信心決定すれば、一称・一念の功徳、みな臨終の念仏と同じです。

（七）業障について　また次に世の人がいうには、「たとい阿弥陀仏の願力を憑《たの》んで極楽に往生したいと願っても、自分の前世の罪業は知りがたいのです。どうしてたやすく浄土に生まれることができましょうか。往生の障りになるものもさまざまです。順後業というのは、必ずしもその罪業をつくった生でなくとも後々《のちのち》の生にもその果報を引き、それが現れます。だから、今生に人間として生を受けたといっても、前世の悪道にあったときの業を身に具えていることを知りません。その業の力が強くて悪道のときの生を引いているのであれば、浄土に生まれることはむずかしいのではないですか」と。

この考えはまことに、もっともな考えですが、本願を疑う心を絶つことができないので、自らいい加減な考えをおこしています。およそ人間の行為（業）の結果は天秤にかけたようなものです。重いものをまず引きます。もし、わが身に具えている悪道の業の力が強ければ人界に生を受けることはなく、まずは悪道に堕ちたことでしょう。しかし、すでに人界の生を受けていることによって知ることができることですが、たとい、悪趣の業を身に具えていても、その業は人界に生を受けて行ずる五戒よりは、力が弱いということです。もし、そうであるならば、五戒ですらなお、悪業の力を遮るのですから、十声の念仏の功徳はなおさらです。五戒は煩悩を持ったままで実践する有漏の業ですし、念仏は煩悩に染まらない無漏の功徳です。五戒は仏の本願の助けはありませんし、念仏は弥陀の本願の導く所です。念仏の功徳は、なお十善（不殺生・不偸盗・不邪淫・不妄語・不悪口・不両舌・不綺語・無貪欲・無瞋・不正見）にもすぐれ、すべて三界の一切の善根にも勝っています。いわんや五戒の少善にも勝らないことがありましょうか。この五戒を遮ることのできない悪業であっても往生の障りとなるはずがありません。

（八）宿善について　次にまた世の人がいうには、「五逆の罪人でも十声の念仏によって往生することができるというのは、宿善、つまり前世の善行によるものです。われらが、宿善を備えていないことは確かです。どうして往生などできましょうか」と。

これまた、痴闇つまり、道理に暗くて惑うゆえに、いたずらにこのような疑いをします。そのわけは、宿善あつき者、つまり、前世に善業を積んだ者は、この世でも善業を積んで悪業を恐れます。逆に、宿善少なき者は、今生でも悪業を好み、善根を作りません。宿業の善悪は、今生の有様にて明らかに知ることができます。したがって、善心が少なければ、宿善が少ないということをいよいよはかり知ることができます。

われら罪業重しというとも、五逆罪を作っていません。善根、少なしというとも、深く本願を信じています。五逆を犯した者の十声の念仏すら、宿善によるものです。ましていわんや、一生を尽くした称名念仏がどうして宿善によらないといえるのでしょうか。どうして、五逆を犯した者の十声の念仏を宿善とおもい、われらが一生の称名念仏を宿善が浅いと思うのでしょうか。「小智は菩提の妨げ」と言いますのは、まったくこのたぐいでしょうか。

（九）一念について

次に念仏を信ずる人が言うには、「往生浄土の道は信心を先とします。信心決定したならば、あながちに称名念仏を必要としません。『大無量寿経』にはすでに、「乃至一念」と説かれています。このゆえに一念で足ります。念仏の数を重ねようとするのは、かえって、阿弥陀の本願を信じないことになります。そのような人は、念仏を信じない人だと大いに嘲《あざけ》り、ふかく謗《そし》ってもいいのではありませんか」と。

まず、このような人は、専修念仏といって、もろもろの大乗仏教の修行を捨てて、次に、一念の義を立てて、念仏をやめてしまおうとするものです。まことに、このような人は魔界につながりを得て、末世の衆生をたぶらかすものであります。

この説はともに、正しいところと誤ったところがあります。往生の業が一声の念仏で足れりというのは、その理屈はまことにそうであるといえますが、遍数を重ねるのは不信であるというのは、すこぶる言葉が過ぎます。一声の念仏で少ないと思って、遍数を重ねなければ往生が難しいと思うのは、まことに不信というべきでしょう。往生の業は一声の念仏で足りるといって、無駄に明かし、無駄に暮すくらいなら、もっと功徳を積むことが必要ではないかと思って念仏を称えるのであれば一日中称え、一晩中称えるのであれば、いよいよ功徳がそなわり、ますます往生の業因が決定します。

善導和尚は、「力の尽きない限り、常に称名念仏します」と言っておられます。これを不信の人とされますか。ひとえに、これを嘲るも、そうあってはならないでしょう。一念というのは、すでに経の文です。これを信じないというのは仏語を信じないということです。このゆえに、一声の念仏で往生が決定したと信じて、一生おこたりなく、念仏を申すべきです。これを正しい教義とするべきです。

三　結び

念仏の重要な教義はたくさんありますが、略して述べると以上のようなことです。

これを見た人は、おそらく嘲笑するでしょう。しかし、信じること、謗ること、ともに因として、みな、まさに浄土に生まれるでしょう。短い今生の夢のうちの約束をたよりとして、来世の開覚のための縁を結びたいと思います。

私の浄土に往生する歩みが遅れれば、人に導かれ、私が先立てば、人を導いていきます。生々に仏法のよき友となって、互いに仏道を修し、世々に善知識として、ともに迷いと執着を絶ちたいものです。

本師釈迦尊　悲母弥陀仏　　本師の釈迦仏　悲母の阿弥陀仏
左辺観世音　右辺大勢至　　左に座す観世音菩薩　右に座す大勢至菩薩
清浄大海衆　法海三宝海　　清浄なる浄土の聖衆　法界は三宝（仏・法・僧）の海
証明一心念　哀愍共聴許　　一心に念じて証誠すれば　哀れみたもうて共に聴きたまう

草本に云く、
承久三歳仲秋中旬第四日
安居院の法印聖覚の作
寛喜二歳　仲夏下旬第五日　彼の草本の真筆を以って愚禿釈親鸞これを書写する

田代俊孝（たしろ　しゅんこう）

1952年滋賀県に生まれる。大谷大学大学院博士後期課程満期退学。同朋大学助教授、カリフォルニア州立大学客員研究員を経て、現在、同朋大学大学院教授、同文学研究科長、名古屋大学医学部生命倫理委員・同非常勤講師、大谷大学非常勤講師。博士（文学）。ビハーラ医療団世話人代表。
主な著書、『広い世界を求めて』（毎日新聞社）、『増補新版・親鸞の生と死』（法藏館）『仏教とビハーラ運動―死生学入門―』（同）、『悲しみからの仏教入門』正・続（同）、『御文に学ぶ―真宗入門―』（同）、『市民のためのビハーラ』シリーズ全五巻（同朋舎）、『ひと・ほとけ・いのち―非科学のいのち論』（自照社出版）など多数。

唯信鈔文意講義

二〇一二年四月二〇日　初版第一刷発行

著　者　田代俊孝
発行者　西村明高
発行所　株式会社　法藏館
六〇〇-八一五三
京都市下京区正面通烏丸東入
電話　〇七五-三四三-〇〇三〇（編集）
〇七五-三四三-五六五六（営業）

印刷・製本　中村印刷株式会社

ISBN978-4-8318-4150-6 C3015